Pablo SAIZ-GONZÁLEZ
y Javier FERNÁNDEZ-RÍO (coords.)

Educación Física con Significado: Un Nuevo Horizonte Educativo

Ediciones **Morata** S.L.

Fundada en 1920
Madrid - España
edmorata.es

Educación Física con Significado: Un Nuevo Horizonte Educativo

Por

Pablo Saiz-González y Javier Fernández-Río (coords.)

Este libro ha sido posible gracias a la financiación del Programa de Subvenciones para grupos de investigación de organismos del Principado de Asturias, para el ejercicio 2024, de la Agencia de Ciencia, Competitividad Empresarial e Innovación del Principado de Asturias (Sekuens) IDE/2024/000762.

© EDICIONES MORATA, S. L. (2026)
Madrid - España
edmorata.es

Derechos reservados
ISBNpapel: 979-13-87510-29-9
ISBNebook: 979-13-87510-30-5
Depósito legal: M-5.075-2026

Compuesto por: MyP
Printed in Spain — Impreso en España
Imprime: ELECE Industrias Gráficas, S. L. (Madrid)

Diseño de la portada: Ana Peláez Sanz

Contenido

CAPÍTULO 1. **Fundamentos Teóricos de la Educación Física con Significado (EFcS)**, por Pablo Saiz-González y Javier Fernández-Río.................... 11
Introducción, 11.—*El marco conceptual de la EFcS*, 12.—*Los elementos fundamentales de la EFcS*, 13.—*Conclusión*, 16.—*Referencias*, 17.

CAPÍTULO 2. **Diversión. Elemento 1 de la EFcS**, por Roberto Ferriz 19
¿De dónde se nutre la diversión para ser un elemento fundamental de la Educación Física con significado?, 21.—*¿Por qué la diversión importa? Evidencias que avalan su papel en una Educación Física con significado*, 23.—*¿Cómo lo aplico? Estrategias para promover la diversión en Educación Física*, 24.—*Conclusiones*, 27.—*Referencias*, 28.

CAPÍTULO 3. **Novedad. Elemento 2 de la EFcS**, por David González-Cutre 31
Introducción, 31.—*La novedad y sus consecuencias positivas en Educación Física*, 33.—*Estrategias motivacionales para fomentar la novedad en Educación Física y lograr un aprendizaje con significado*, 35.—*Conclusiones*, 40.—*Referencias*, 40.

CAPÍTULO 4. **Estilo Interpersonal Docente. Elemento 3 de la EFcS**, por Javier García-Cazorla, Luis García-González y Ángel Abós.......................... 45
Introducción, 45.—*Modelo circular: Una comprensión detallada de los estilos motivacionales docentes*, 46.—*Hacia una Educación Física con Significado: Estrategias desde el Modelo Circular*, 50.—*Conclusión*, 53.—*Referencias*, 53.

CAPÍTULO 5. **Interacción Social. Elemento 4 de la EFcS**, por Rubén Llanos-Muñoz, Javier Sevil-Serrano, Juan José Pulido, Miguel A. López-Gajardo y Francisco M. Leo 57
Teoría de la Autodeterminación, 58.—*Modelo Conceptual de Cohesión*, 59.—*Aportación de la TAD y MCC a la EF con Significado*, 59.—*Estrategias para Favorecer las Relaciones Sociales y la Cohesión de Clase en EF*, 60.—*Conclusiones*, 63.—*Referencias*, 64.

CAPÍTULO 6. **Aprendizaje personalmente relevante. Elemento 5 de la EFcS**, por Damián Iglesias y José Coto-Lousas 67
Introducción y conceptualización, 68.—*Estrategias pedagógicas para fomentar el aprendizaje personalmente relevante*, 70.—*Conclusiones*, 73.—*Referencias bibliográficas*, 73.

CAPÍTULO 7. **Respiro. Elemento 6 de la EFcS**, por Pablo Uría-Valle, Jacob Sierra-Díaz y Beatriz Rodríguez-Martín 75
Introducción, 75.—*Fundamentos teóricos del Respiro como experiencia con significado*, 76.—*¿Cómo fomentar el respiro como elemento con significado?*, 78.—El diseño de clases como pausa activa intencionada, 78.—Cuidar el clima emocional de la clase, 79.—Integrar pausas de atención plena y conciencia corporal, 79.—Incluir actividades con propósito de bienestar, 79.—*Reflexión final*, 80.—*Bibliografía*, 81.

CAPÍTULO 8. **Competencia motriz. Elemento 7 de la EFcS**, por Noelia Belando, David Díaz-Tejerina, Jorge Lafuente e Igor Conde-Cortabitarte 85
Competencia Motriz en Educación Física, 85.—*Propuesta práctica para promover la autoconfianza y la motivación en el desarrollo de la competencia motriz en el alumnado*, 86.—*En conclusión*, 92.—*Referencias*, 92.

CAPÍTULO 9. **Desafío Justo. Elemento 8 de la EFcS**, por Sergio Diloy-Peña y Rafael Burgueño... 93
Una aproximación teórica al concepto de desafío justo, 93.—*Estrategias para diseñar desafíos justos en educación física*, 96.—Desafíos adecuados, 96.—Tareas abiertas y niveles de ejecución ajustables, 97.—Autonomía y elección del nivel del desafío por parte del alumnado, 97.—Implementación de Andamiaje para la progresión de habilidades, 97.—Alternancia entre retos individuales y grupales, 98.—*Ideas para llevar a la práctica en el aula de educación física*, 98.—*Bibliografía*, 101.

CAPÍTULO 10. **Disfrute. Elemento 9 de la EFcS**, por Javier Fernández-Río, Pablo Uría-Valle, Jacob Sierra-Díaz e Igor Conde-Cortabitarte 103
Aclaración terminológica, 103.—*Conceptualización del disfrute*, 105.—*Reflexiones finales*, 107.—*Referencias*, 108.

LÍNEAS DE INVESTIGACIÓN FUTURAS

CAPÍTULO 11. **EFcS: un Puente hacia la Educación Inclusiva**, por Sara DE LA FUENTE-GONZÁLEZ y Pablo SAIZ-GONZÁLEZ 113
Introducción, 113.—De la integración a la inclusión, 114.—El significado como elemento fundamental para la inclusión, 116.—Hacer realidad la inclusión desde la EFcS: ideas para la práctica, 116.—Referencias bibliográficas, 118.

CAPÍTULO 12. **La EFcS con una perspectiva cooperativa para mejorar experiencias para prevenir el acoso**, por Carlos EVANGELIO, Juan de Dios BENÍTEZ SILLERO, Javier MURILLO MORAÑO y Xènia RÍOS-SISÓ.............................. 121
Definición, caracterización y prevalencia de acoso y ciberacoso, 121.—El acoso en Educación Física, 122.—¿Qué elementos de la Educación Física con Significado pueden contribuir a la prevención (o mejora) del acoso desde un prisma cooperativo?, 124.—Conclusiones, 129.—Referencias bibliográficas, 130.

CAPÍTULO 13. **El modelo de Educación Deportiva: una oportunidad de Educación Física con significado para el alumnado con Necesidades Educativas Especiales**, por Jorge ABELLÁN, Yessica SEGOVIA, Juan Manuel FERNÁNDEZ-MURILLO y Nieves M. SÁEZ-GALLEGO 133
Introducción, 133.—Potencial de la Educación Deportiva para fomentar experiencias con significado para el alumnado con necesidades educativas especiales, 135.—El proyecto MED-CEE: promoviendo una Educación Física con significado en centros de educación especial, 136.—Contextualización, 137.—¿Cómo ha logrado el alumnado de los centros de educación especial experiencias con significado en el proyecto MED-CEE?, 137.—Conclusiones, 142.—Referencias bibliográficas, 143.—Financiación, 144.

CAPÍTULO 14. **EFcS e Intención de ser físicamente activo**, por Javier FERNÁNDEZ-RÍO, David DÍAZ-TEJERINA, Jorge LAFUENTE FERNÁNDEZ y José COTO-LOUSAS....... 145
Introducción, 145.—Conexiones entre la EFcS y la intención de ser físicamente activo, 149.—Reflexiones finales, 153.—Referencias, 154.

1

Fundamentos Teóricos de la Educación Física con Significado (EFcS)

Pablo Saiz-González y Javier Fernández-Río

Universidad de Oviedo

Introducción

Durante las últimas décadas, la Educación Física ha ido evolucionado desde planteamientos tradicionales centrados en el rendimiento motriz hacia enfoques pedagógicos orientados a favorecer el aprendizaje. Sin embargo, esta transición no siempre ha sido suficiente para asegurar que las experiencias escolares en esta materia resulten verdaderamente memorables para quienes las experimentan. En este contexto, ha emergido con fuerza un nuevo marco conceptual que sitúa el significado en el centro del proceso educativo: la Educación Física con Significado (EFcS) (Fernández-Río y Saiz-González, 2023).

La EFcS busca generar experiencias educativas que conecten con la vida personal de cada alumno[1], que tengan sentido en su contexto personal y que dejen una huella positiva y duradera. Tal como plantean Saiz-González

---

[1] Siempre deseamos evitar el sexismo verbal, pero también queremos alejarnos de la reiteración que supone llenar todo el libro de referencias a ambos sexos. Así pues, a veces se incluyen expresiones como "niños y niñas", "alumnos y alumnas" y otras veces se utiliza el masculino en general o algún genérico como profesorado y alumnado (*N. del A.*).

et al. (2025), se trata de una propuesta que responde a la necesidad de transformar la Educación Física en una experiencia valiosa para todos, más allá de su valor instrumental o funcional. Así, este enfoque se fundamenta en investigaciones previas que han explorado qué experiencias son consideradas "positivas" ("con significado") por el alumnado (BENI *et al.*, 2017; FLETCHER *et al.*, 2021; KRETCHMAR, 2006), y que han identificado una serie de elementos que contribuyen a dicha percepción. En el caso del contexto hispanohablante, un reciente estudio ha revisado, adaptado y ampliado estos elementos, dando lugar a un marco conceptual ajustado a la realidad educativa de nuestro entorno y a partir del cual se construye este capítulo (SAIZGONZÁLEZ *et al.*, 2025).

El objetivo del presente capítulo, por tanto, es presentar los fundamentos teóricos que sustentan la EFcS y los elementos que la constituyen. Estos elementos, sin embargo, no deben entenderse como una lista cerrada, ni como una receta pedagógica mágica, sino como una guía que puede ayudar al profesorado a diseñar, implementar y reflexionar sobre sus clases desde una perspectiva centrada en el aprendizaje y la generación de experiencias con significado en su alumnado.

El marco conceptual de la EFcS

El marco conceptual de la EFcS se fundamenta en la idea de que una experiencia educativa adquiere valor cuando el alumnado la interpreta como personalmente relevante. Por tanto, la EFcS se focaliza en la vivencia del estudiante, entendida como una construcción subjetiva que integra aspectos emocionales, cognitivos, sociales y culturales (BENI *et al.*, 2017; KRETCHMAR, 2007). Desde esta perspectiva, una experiencia con significado es aquella que se recuerda y que es percibida como valiosa en función de las experiencias previas, intereses y contextos personales del alumnado.

Así, la EFcS parte de la definición de KRETCHMAR (2007), quien sostiene que las experiencias con significado son aquellas que tienen un significado personal para el individuo. También coincide con la definición de CHEN (1998), quien afirma que el significado está relacionado con el valor que el alumnado atribuye a la experiencia y con la conexión que establece entre esta y sus propios objetivos personales. El marco conceptual de la EFcS, por tanto, no se define por un conjunto cerrado de contenidos, ni por un método específico (decisiones que les corresponden a los docentes), sino por la preocupación pedagógica por el sentido que tiene la experiencia para el alumnado. Por ende, este marco es compatible con otras propuestas pedagógicas, como los modelos pedagógicos.

A partir de este planteamiento, la revisión sistemática llevada a cabo por BENI *et al.* (2017) identificó seis elementos que tienden a favorecer experiencias con significado en Educación Física y deporte juvenil: interacción social, diversión, desafío, competencia motriz y aprendizaje personalmente relevante. Aunque estos autores también mencionaron el concepto de *delight* (disfrute) como una posibilidad teórica inspirada en los trabajos de KRETCHMAR (2006, 2007), reconocieron que no hallaron suficiente evidencia empírica. En la misma línea, el estudio de SAIZ-GONZÁLEZ *et al.* (2025) tampoco encontró evidencias claras que justificaran su inclusión como un elemento del enfoque. No obstante, algunos estudios posteriores han optado por incorporarlo como parte del enfoque. Por esta razón, se ha decidido mencionar el disfrute en este capítulo por su valor teórico. A partir de estos hallazgos iniciales, múltiples estudios (e.g., HOWLEY *et al.*, 2025; MADSEN *et al.*, 2025; SCANLON *et al.*, 2024) han continuado desarrollando el modelo, consolidando a la EFcS como un marco pedagógico con gran potencial educativo.

Prácticamente toda la literatura mencionada hasta ahora fue producida en contextos anglosajones, lo que generó la necesidad de explorar su adecuación a otros entornos socioculturales. En respuesta a esta necesidad, SAIZ-GONZÁLEZ *et al.* (2025) revisaron y actualizaron este marco conceptual en el contexto español, encontrando evidencia para ocho elementos: diversión, novedad, estilo interpersonal docente, interacción social, aprendizaje personalmente relevante, respiro, competencia motriz y desafío justo. Estos ocho elementos, junto con el disfrute por su relevancia teórica, constituyen el núcleo de este libro y son presentados en el siguiente apartado para abordarlos en mayor profundidad en cada uno de los capítulos a los que dan nombre.

Los elementos fundamentales de la EFcS

Ocho elementos han sido propuestos en el contexto hispanohablante para el diseño de experiencias con significado en Educación Física (SAIZ-GONZÁLEZ *et al.*, 2025): diversión, novedad, estilo interpersonal docente, interacción social, aprendizaje personalmente relevante, respiro, competencia motriz y desafío justo (Figura 1.1). Nuevamente, cabe destacar que estos elementos no deben entenderse como componentes cerrados ni independientes, sino como factores interrelacionados y cuya presencia puede variar en función del grupo, el contexto educativo o las decisiones pedagógicas del profesorado (STRITTMATER *et al.*, 2025). En conjunto, ofrecen un marco para diseñar experiencias que el alumnado interprete como personalmente relevantes.

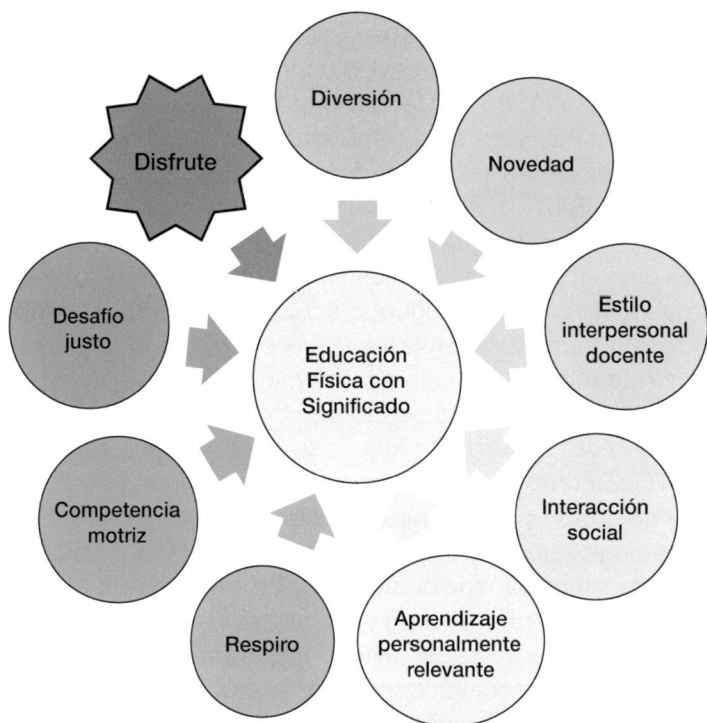

Figura 1.1 Elementos de la Educación Física con Significado.

A continuación, se definen brevemente los ocho elementos de la EFcS identificados para el contexto español y el elemento adicional "disfrute". Estas definiciones ofrecen un punto de partida para comprender el marco conceptual del modelo, que será desarrollado en profundidad en los capítulos posteriores de este libro. El orden en que se presentan responde al número de extractos identificados para cada uno de estos elementos en el estudio de Saiz-González *et al.* (2025).

- **Diversión:** hace referencia a la percepción positiva que tiene el alumnado al participar en actividades que le resultan entretenidas. Se trata de un componente emocional que puede contribuir a generar un clima favorable para el aprendizaje y facilitar una conexión positiva con la materia. Aunque su presencia no garantiza por sí sola una experiencia con significado, la ausencia de diversión puede dificultar la implicación del alumnado.
- **Novedad:** alude a la variedad de, y en, las actividades o tareas que resulta en una experiencia diferente o poco habitual para el alumna-

do. Este elemento puede despertar curiosidad y motivación, especialmente cuando se rompe con rutinas monótonas. La novedad puede contribuir a que la experiencia destaque frente a otras y sea recordada.

- **Estilo interpersonal docente:** hace referencia al modo en que el profesorado ejerce su función educativa en torno a dos ejes fundamentales: apoyo/amenaza a las necesidades psicológicas básicas del alumnado y alta/baja directividad por parte del docente. De la mayor o menor combinación de estos cuatro ejes se han identificado hasta ocho estilos docentes. Cada estilo influye directamente en el clima del aula y en la percepción que tiene el alumnado sobre su papel en el proceso de enseñanza-aprendizaje, resultando en la percepción de que lo que ocurre en clase tiene valor.

- **Interacción social:** hace referencia a la cantidad y calidad de las relaciones que el alumnado establece durante las clases de Educación Física, tanto con sus compañeros como con el profesorado. Este elemento destaca el valor del compañerismo y el sentimiento de pertenencia, así como la importancia del respeto y reconocimiento por parte del profesorado, como aspectos que favorecen una experiencia con significado.

- **Aprendizaje personalmente relevante:** se refiere a la percepción del alumnado de que lo aprendido en clase tiene valor para su vida fuera del ámbito escolar. Este elemento adquiere significado cuando las propuestas permiten establecer conexiones con experiencias previas, intereses personales o situaciones futuras. También resalta la necesidad de "Trasparencia" en la clase (comunicar/explicar lo que se pretende que el estudiante aprenda) y "Transferencia" del aula al contexto extraescolar de cada estudiante.

- **Respiro:** hace referencia a la percepción de la clase de Educación Física como un momento de desconexión respecto a otras asignaturas más pasivas, sin que ello implique una ruptura con el aprendizaje. Para algunos estudiantes, la Educación Física representa una forma distinta de aprender: activa y corporal, que aporta significado a su experiencia escolar. Lejos de ser un simple descanso, este elemento subraya el valor educativo que el alumnado atribuye a esta vivencia cuando la reconoce como importante en su trayectoria vital.

- **Competencia motriz:** alude a la percepción del alumnado de sentirse capaz de realizar tareas motrices durante las clases de Educación Física. Este elemento no hace referencia a un nivel de rendimiento objetivo, sino a la experiencia subjetiva de dominio y mejora. Cuando el alumnado percibe que progresa y que es competente en lo que hace, aumenta la probabilidad de que la experiencia se perciba como "llena" de significado.

- **Desafío justo:** se refiere al nivel de dificultad percibido por el alumnado en relación con las tareas propuestas durante la clase. Ocurre cuando el alumnado considera que la actividad requiere esfuerzo, pero es alcanzable, lo que genera implicación, pero también satisfacción. Para lograrlo el docente debe "individualizar" el desafío que presenta cada tarea a cada estudiante. El desafío justo favorece el compromiso con el aprendizaje y contribuye a que la experiencia sea valorada como positiva.
- **Disfrute:** representa "un paso más allá de la diversión" y entronca directamente con la realización de una actividad por la satisfacción que produce realizarla, de tal manera que pasa a formar parte de nuestra "forma de ser", de nuestros hábitos. Cuando se alcanza este punto, lo que se aprende en clase de Educación Física se usa fuera de ella (en la vida diaria) con todos los beneficios positivos que esto conlleva para la persona a nivel físico, social y afectivo.

Conclusión

La EFcS es un enfoque pedagógico emergente que pone en el centro de la práctica educativa la vivencia del alumnado y el valor que este atribuye a sus experiencias. Más que una metodología cerrada, la EFcS constituye un marco conceptual compatible con cualquier contenido curricular y con enfoques centrados en el alumnado, como los modelos pedagógicos. Así, su aportación principal radica en orientar la práctica hacia la construcción de experiencias que el estudiantado interprete como relevantes.

En este capítulo se ha presentado el marco conceptual y se han definido los elementos que lo componen. Estos elementos no deben entenderse como una receta única, sino como un conjunto de orientaciones que pueden guiar al profesorado en el diseño, implementación y reflexión sobre sus clases desde una perspectiva inclusiva.

A lo largo de los siguientes capítulos, cada uno de estos elementos será desarrollado en profundidad, explorando tanto las teorías educativas y psicológicas que los fundamentan como las estrategias pedagógicas que pueden facilitar su implementación.

Referencias

Beni, S.; Fletcher, T., y Ní Chróinín, D. (2017). "Meaningful Experiences in Physical Education and Youth Sport: A Review of the Literature". *Quest, 69*(3), 291-312. https://doi.org/10.1080/00336297.2016.1224192

Chen, A. (1998). "Meaningfulness in Physical Education: A Description of High School Students' Conceptions". *Journal of Teaching in Physical Education, 17*(3), 285-306. https://doi.org/10.1123/jtpe.17.3.285

Fernández-Río, J., y Saiz-González, P. (2023). "Educación Física con Significado (EFcS). Un planteamiento de futuro para todo el alumnado". *Revista Española de Educación Física y Deportes, 437*(4), 1-9. https://doi.org/10.55166/reefd.v437i4.1129

Fletcher, T.; Chróinín, D. N.; Gleddie, D., y Beni, S. (2021). *Meaningful Physical Education: An Approach for Teaching and Learning.* Routledge.

Howley, D.; Dyson, B., y Baek, S. (2025). "All the better for it: Exploring one teacher-researcher's evolving efforts to promote meaningful physical education". *European Physical Education Review, 31*(1), 70-86. https://doi.org/10.1177/1356336X241247757

Kretchmar, R. S. (2006). "Ten More Reasons for Quality Physical Education". *Journal of Physical Education, Recreation y Dance, 77*(9), 6-9. https://doi.org/10.1080/07303084.2006.10597932

— (2007). "What to Do With Meaning? A Research Conundrum for the 21st Century". *Quest, 59*(4), 373-383. https://doi.org/10.1080/00336297.2007.10483559

Madsen, K. L.; Svendsen, A. M.; Volshøj, E. S.; Jakobsen, A. W., y Lillelund, K. B. (2025). "Six teaching strategies to support meaningful PE experiences in early primary schools - results from an action research project". *Physical Education and Sport Pedagogy.* https://doi.org/10.1080/17408989.2025.2489165

Saiz-González, P.; Sierra-Díaz, J.; Iglesias, D., y Fernández-Río, J. (2025). "Chasing meaningfulness in Spanish physical education: Old and new features". *Journal of Teaching in Physical Education, 45* (1)*, 217-225. https://doi.org/10.1123/jtpe.2024-0206

Scanlon, D.; Becky, A.; Wintle, J., y Hordvik, M. (2024). "'Weak' physical education teacher education practice: Co-constructing features of meaningful physical education with pre-service teachers". *Sport, Education and Society.* https://doi.org/10.1080/13573322.2024.2344012

Strittmater, G.; Fletcher, T., y Richards, K. A. (2025). "The Meaningful Physical Education Approach: A Scoping Review". *Kinesiology Review, 14* (3), 340-356. https://doi.org/10.1123/kr.2024-0061

Diversión. Elemento 1 de la EFcS

Roberto Ferriz

Universidad de Valencia

La diversión representa un componente clave en la forma en que el alumnado experimenta las clases de Educación Física (EF). Diversas investigaciones, tanto internacionales como nacionales, confirman que el alumnado considera la diversión como uno de los aspectos fundamentales para sentirse satisfecho con la asignatura (Beni *et al.*, 2017; Sicilia *et al.*, 2014). Tal es su relevancia que Ladwig *et al.* (2018), al explorar los recuerdos más significativos de adultos sobre sus experiencias escolares en EF, encontraron que las vivencias más positivas estaban relacionadas directamente con episodios en los que se había experimentado diversión. Además, estas experiencias positivas durante la etapa escolar parecen tener implicaciones a largo plazo, incrementando la intención de mantener un estilo de vida activo durante la adultez. En este sentido, Costinga *et al.* (2024) encontraron que el disfrute continuado en EF se asocia con mejoras sostenidas en la condición física, lo cual refuerza la idea de que una experiencia escolar positiva y divertida puede actuar como motor para mejorar el estado de salud. En definitiva, propiciar momentos gratificantes y divertidos en EF puede ser un facilitador para motivar al alumnado a repetir esas experiencias fuera del contexto escolar, facilitando así la transferencia de aprendizajes a su vida cotidiana y contribuyendo a un objetivo esencial en EF: la promoción de la salud.

Posiblemente, en la práctica docente cotidiana, resulte habitual que el profesorado, de manera consciente o no, trate de favorecer la diversión como elemento clave para el éxito de sus clases. Esta decisión, en efecto, cuenta con respaldo empírico (ver Fernández-Río *et al.*, 2023). No obstante, conviene señalar algunas matizaciones que sería bueno no perder de vista, especialmente al considerar que la EF es una asignatura con intencionalidad educativa, orientada al desarrollo integral del alumnado. En este sentido, resulta necesario alertar sobre el riesgo de caer en propuestas donde el disfrute no esté ligado a un propósito pedagógico (enseñar). Tal como advierten MAINSBRIDGE et al. (2024), cuando el profesorado se posiciona solo como facilitador de diversión, sin una estructura clara que garantice el aprendizaje, se compromete la función educativa de la asignatura. De forma complementaria, BENI et al. (2017) defienden que la diversión debe entenderse como parte de una experiencia con significado solo cuando se integra de forma equilibrada, con sentido y con objetivos de aprendizaje claros. No se trata, por tanto, de promover una EF desestructurada o sin disciplina (bien entendida), sino de diseñar experiencias que combinen la diversión con el desarrollo de aprendizajes profundos y valiosos. En otras palabras, la clave reside en hacer del aprendizaje una experiencia disfrutable, sin que el disfrute implique renunciar a la enseñanza. Esta relación puede ilustrarse con la siguiente metáfora:

"La diversión es el río por el que navega el barco del aprendizaje. Sin el caudal de la diversión, el barco se estanca; pero sin el timón del aprendizaje, la navegación carece de rumbo. En Educación Física, el currículo marca el destino, pero es la diversión uno de los elementos que hace posible el viaje."

En segundo lugar, y como premisa igualmente importante, este capítulo defiende la diversión como un componente esencial para promover estilos de vida activos y saludables desde un enfoque salutogénico en EF. Esta perspectiva va más allá de la visión tradicional centrada en la prevención de enfermedades o en la mejora del rendimiento físico, y se orienta hacia la promoción del bienestar integral del alumnado. Tal y como proponen ALBERGA et al. (2019), VAN SLUIJS et al. (2021) y FERRIZ et al. (2025), un enfoque salutogénico en el ámbito escolar implica que la EF se enfoque en tres principios clave: (a) destacar los beneficios de la actividad física (AF) para el bienestar y la salud mental; (b) fomentar la práctica motriz autodirigida y no estructurada, lo cual refuerza la autonomía y la participación activa del alumnado; y (c) considerar la AF como una fuente directa de disfrute, motivación y satisfacción personal. Este modelo implica dejar atrás una lógica prescriptiva centrada en cumplir recomendaciones cuantitativas de AF, y acercarse a una lógica promocional centrada en ofrecer experiencias con sentido y emocionalmente positivas, especialmente relevantes para la adolescencia como etapa de transición (VAN SLUIJS et al., 2021). En contextos educativos, esta propuesta se traduce en una EF capaz de generar vivencias que favorezcan que el alumnado entienda las actividades que realiza (comprensibilidad), se sienta capaz de ejecutarlas con éxito (manejabilidad), y encuentre un propósito o valor personal en ellas (significatividad). Estas dimensiones, ampliamente respaldadas en la literatura actual están perfectamente alineadas, según Ferriz *et al.* (2025), con el enfoque de la Educación Física con Significado (EFcS; Beni *et al.*, 2017), y sitúan la diversión no como un fin superficial, sino como un recurso educativo clave para construir aprendizajes con significado, mejorar la salud y potenciar el compromiso del alumnado con estilos de vida saludables más allá de la etapa escolar.

Figura 2.1. Elemento que Guían las Directrices para Promocionar la Salud a Través de una Educación Física Basada en un Enfoque Salutogénico.

Nota. Adaptado de Ferriz *et al.* (2025) basado en una visión salutogénica del enfoque sobre el que basar las experiencias de aprendizaje del alumnado en Educación Física.

¿De dónde se nutre la diversión para ser un elemento fundamental de la Educación Física con significado?

Como se ha presentado en el capítulo 1, la diversión es un elemento representativo de la EFcS. Basado en el enfoque de la EFcS, la diversión, entendida como una de las características a tener en cuenta al diseñar e implementar experiencias de aprendizaje en EF, representa el disfrute inmediato en las sesiones de EF (BENI *et al.*, 2019; 2021). En el marco de la EFcS, a nivel conceptual la diversión se ha servido de diferentes marcos teóricos basados en la evidencia que han permitido identificar de manera paulatina estrategias para favorecer la diversión como una consecuencia positiva en EF.

Un marco teórico destacado al que se hace referencia de manera recurrente en la literatura específica es la teoría de la autodeterminación (RYAN, 2023). En este marco sobre la motivación, la diversión en EF se vincula directamente como consecuencia de la satisfacción de las necesidades psicológicas básicas de autonomía, competencia y relación (HOWLEY *et al.*, 2025). Así, se entiende que la diversión auténtica surge cuando el alumnado experimenta libertad en la elección de las tareas, percibe que posee las habilidades necesarias para realizarlas y puede conectar socialmente con sus compañeros (COSTINGA *et al.*, 2024; HOWLEY *et al.*, 2025). La teoría de metas de logro (NICHOLLS, 1989) es otro marco desde el cual se ha conceptualizado y explorado la conexión entre diversión y aprendizaje con significado en EF. Bajo este enfoque, la diversión se relaciona especialmente con un "clima motivacional orientado a la tarea", en el que el alumnado se enfoca en la mejora personal, el aprendizaje y el esfuerzo individual, en lugar de en la comparación social o la competencia directa con sus compañeros. Según LADWIG *et al.* (2018) y WINTLE (2022), cuando el profesorado logra establecer en clase un clima centrado en la tarea, los niveles de diversión se incrementan de forma significativa, favoreciendo actitudes más positivas hacia la práctica de actividad física. En esta misma línea, diversos autores del contexto nacional (FERNÁNDEZ-RÍO y SAIZ-GONZÁLEZ, 2023; SAIZ-GONZÁLEZ *et al.*, 2025) han enfatizado que una experiencia en EF se percibe como divertida, especialmente, cuando el alumnado siente que tiene éxito en ella. Por tanto, resulta esencial que los docentes redefinan claramente lo que entienden por "éxito" en sus clases. En este sentido, FERNÁNDEZ-RÍO (2017) propone que el éxito debe ser siempre autorreferenciado, alineándose así con la teoría de metas de logro; es decir, el estudiantado valora su desempeño mediante la comparación consigo mismo (yo), y no respecto a los demás, para determinar si ha tenido éxito en una tarea o actividad específica. Otro marco teórico que nos ayuda a entender mejor la diversión en EF es la teoría del flujo (Flow) de CSIKSZENTMIHALYI (1990). Según esta teoría, la diversión aparece con mayor claridad cuando el nivel de desafío que ofrece la tarea está equilibrado con las habilidades motrices del alumnado. En otras palabras, si la tarea es demasiado fácil, se aburren; si es demasiado difícil, se frustran. Por ello, BENI *et al.* (2019) destacan que el profesorado debe plantear actividades con un nivel adecuado de dificultad, generando así las condiciones ideales para que el estudiantado se involucre profundamente, experimenten sensaciones positivas y disfruten plenamente durante las clases de EF.

Tal como veremos a continuación, estos marcos teóricos complementarios entre sí, permiten comprender de forma integral cómo diseñar experiencias de EF que combinen diversión y aprendizaje con significado desde la perspectiva de la EFcS (FLETCHER y NÍ CHRÓINÍN, 2022). Seguidamente abordaremos los resultados clave que ha revelado la evidencia científica al implementar los fundamentos de la EFcS, y de manera específica, lo relacionado con la conexión entre diversión y consecuencias a nivel cognitivo, afectivo y conductual fruto de la participación en EF.

¿Por qué la diversión importa? Evidencias que avalan su papel en una Educación Física con significado

Diversos estudios recientes han aportado resultados relevantes sobre las consecuencias positivas de favorecer la diversión en las clases de EF bajo el enfoque de la EFcS, destacando particularmente tres ámbitos fundamentales: cognitivo, afectivo y conductual.

En primer lugar, respecto al *ámbito cognitivo*, la investigación ha mostrado que cuando el alumnado se divierte en EF se incrementa su implicación cognitiva con las tareas propuestas, mejorando así la calidad de su aprendizaje. Específicamente, los estudiantes tienden a procesar de manera más profunda y significativa los contenidos (saberes) cuando perciben que las actividades son divertidas (BENI *et al.*, 2021). Además, los hallazgos recientes de HOWLEY *et al.* (2025) y COSTINGA *et al.* (2024) han evidenciado que la presencia constante de diversión en clase facilita aprendizajes más duraderos y un mejor rendimiento académico a medio y largo plazo, favoreciendo así la adquisición de competencias motrices y no motrices relevantes en EF.

En segundo lugar, en cuanto al *ámbito afectivo*, la percepción de diversión en EF se ha relacionado estrechamente con el bienestar emocional del alumnado, generando altos niveles de satisfacción personal y contribuyendo a la construcción de una percepción positiva hacia la práctica física. Tal como destaca WINTLE (2022), cuando el estudiantado se divierte durante las clases, suele mostrar emociones positivas más intensas, lo cual favorece tanto su motivación como su actitud general hacia la asignatura. Además, diversos estudios indican que el disfrute se intensifica cuando el alumnado se siente parte de un grupo, establece vínculos positivos con sus iguales y se genera un clima social cohesionado y de apoyo en el aula (Beni et al., 2017; Howley et al., 2025).

En tercer lugar, en cuanto al *ámbito conductual*, la evidencia apunta a que un alumno o alumna que experimenta diversión en EF tiende a mostrar una mayor intención de participar en actividades físicas de forma autónoma fuera del horario escolar. Este comportamiento se manifestaría especialmente cuando las actividades realizadas en clase de EF son percibidas como atractivas y disfrutables por parte del alumnado (Ladwig et al., 2018; Wintle, 2022). En consecuencia, podría pensarse que, si esto se da, se incrementarían notablemente las posibilidades de adoptar estilos de vida saludables a largo plazo. Asimismo, estudios recientes (Beni et al., 2021; Costinga et al., 2024) indican que la diversión experimentada durante las sesiones de EF prediría significativamente un mayor nivel de participación y compromiso motor, no solo dentro del entorno escolar, sino también en contextos de tiempo libre, reforzando así la idea de que la diversión es un elemento clave para generar comportamientos duraderos de actividad física.

¿Cómo lo aplico? Estrategias para promover la diversión en Educación Física

A partir de las evidencias revisadas, se pueden identificar diversas estrategias prácticas que el profesorado puede implementar para fomentar la diversión de manera significativa en sus clases de EF. En la Figura 1.3, se presenta una síntesis de las estrategias prácticas, que vamos a ver seguidamente con más detalle.

Una primera estrategia fundamental está relacionada con la cesión de autonomía al alumnado. Estudios recientes (Howley et al., 2025; Fletcher y Ní Chróinín, 2022) han subrayado la importancia de permitir al alumnado tomar decisiones y adaptar actividades según sus intereses y preferencias motrices. Algunas formas concretas de favorecer esta autonomía, según Ferriz et al. (2023), incluyen: permitir al alumnado elegir actividades específicas dentro de las unidades de programación, ofrecer opciones sobre los materiales a utilizar en las tareas (p. ej., elegir distintos implementos o tipos de pelotas en retos cooperativos), explicar las razones que justifican la realización de cada actividad o unidad para favorecer su comprensión y relevancia, o utilizar un lenguaje que invite a la participación activa y autónoma (p. ej., preguntarles si prefieren realizar ciertas actividades dentro o fuera del aula de EF). Por otro lado, los estudios analizados (Howley et al., 2025;

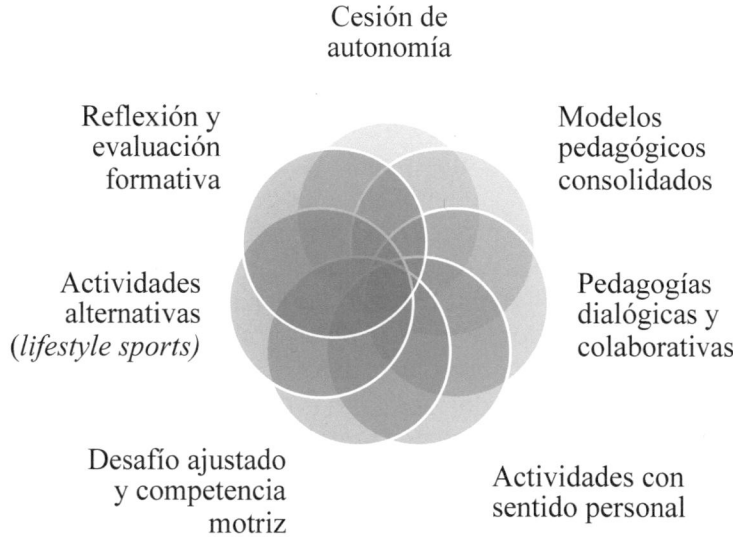

Cesión de
autonomía

Reflexión y
evaluación
formativa

Modelos
pedagógicos
consolidados

Actividades
alternativas
(*lifestyle sports*)

Pedagogías
dialógicas y
colaborativas

Desafío ajustado
y competencia
motriz

Actividades con
sentido personal

Figura 2.2. Síntesis de Estrategias Basadas en la Evidencia para Favorecer la
Diversión como Elemento de la Educación Física con Significado.
Nota. Elaboración propia.

Wintle, 2022) también recomiendan explícitamente la aplicación de modelos
pedagógicos consolidados como el modelo de educación deportiva (*Sport
Education*) y la enseñanza comprensiva del deporte (*Teaching Games for
Understanding*, TGfU). Estos modelos implementados fielmente a sus principios fomentarían la diversión al enfatizar el trabajo cooperativo en equipos
permanentes, el uso de roles específicos (p. ej., entrenador, árbitro, respon-
sable del material, etc.) y el aprendizaje comprensivo del juego. En particular,
el modelo TGfU propone situaciones simplificadas de juego real, adaptadas
al nivel del alumnado, lo que potencia el desafío adecuado y la competencia
motriz, elementos clave para incrementar la percepción de diversión (Beni *et
al.*, 2021). Asimismo, es especialmente recomendable integrar pedagogías
dialógicas y colaborativas, como los enfoques de comunidades de indaga-
ción (*Community of Inquiry approaches*). Según Fletcher y Ní Chróinín (2022),
estos enfoques facilitan que el alumnado comparta y reflexione conjunta-
mente sobre sus experiencias de diversión, potenciando el valor social y
relacional de las sesiones de EF. Crear espacios donde los estudiantes puedan dialogar y debatir sobre qué actividades o dinámicas les parecen más
divertidas contribuye a generar un ambiente positivo y participativo en clase

(Howley *et al.*, 2025). Esta misma línea de trabajo se ve reforzada por el estudio de Walseth *et al.* (2018), quienes aplicaron un enfoque activista en EF que da protagonismo al alumnado para favorecer la inclusión social, implicándolo activamente en el diseño (cocreación), desarrollo y evaluación del currículo. Sus resultados mostraron que esta forma de participación no solo mejora el sentido de pertenencia y la calidad de la motivación, sino que también favorece experiencias más positivas y disfrutables. En particular, el alumnado que previamente mostraba menor compromiso con la asignatura, especialmente las chicas, mejoró notablemente su percepción sobre la EF cuando pudo influir en las decisiones sobre las actividades y explorar propuestas alejadas del enfoque deportivo tradicional. Estos hallazgos refuerzan la importancia de adoptar metodologías que vinculen la diversión con la participación activa, la autonomía y el aprendizaje personal.

Otra estrategia práctica destacada es el uso de actividades con "sentido personal", especialmente en edades tempranas. Tal como se recoge en Beni *et al.* (2019), fomentar experiencias de aprendizaje personalmente relevantes, por ejemplo, conectadas con intereses previos del alumnado, sus contextos o con aprendizajes interdisciplinares, contribuiría a que las clases de EF resultaran más significativas y motivadoras. Actividades como la dramatización, la representación de roles o el diseño colectivo de historias motrices (cuentos motores) que partan de sus vivencias del día a día y contextos permitirían al alumnado implicarse emocionalmente, favoreciendo el disfrute y el sentido de lo que se aprende.

Además de estas estrategias, resulta fundamental mantener un equilibrio adecuado entre la competencia motriz y el nivel de desafío que presentan las tareas. Wintle (2022) y Howley *et al.* (2025) destacan que las actividades deben ajustarse al nivel del alumnado, estableciendo metas claras y ajustables para fomentar la percepción de logro personal. Asimismo, incorporar regularmente momentos reflexivos (p. ej., al final de cada sesión o a través de portafolios para aplicar procesos de evaluación formativa) en los que el alumnado pueda compartir aquellos aspectos que le han resultado más complejos/sencillos que han sido fuente de diversión o enriquecimiento en términos de aprendizaje, fortalecería el vínculo entre diversión y aprendizaje significativo (Fletcher y Ní Chróinín, 2022). Por ejemplo, un recurso clave para "medir" el equilibro entre dificultad del reto motriz en EF y nivel de competencia del alumnado es hacer uso de la evaluación diagnóstica antes o durante la enseñanza de una situación de aprendizaje (¿qué saben hacer sobre...?).

Fomentar la cooperación y las relaciones sociales positivas mediante actividades en grupo, roles colaborativos o dinámicas que promuevan el apoyo mutuo también es una estrategia clave para favorecer el disfrute y la implicación del alumnado en EF. La evidencia muestra que cuando el estudiantado se siente parte de un grupo, comparte decisiones y celebra logros con sus compañeros, el disfrute y la percepción de sentido se intensifican (Beni *et al.*, 2017; Howley *et al.*, 2025).

Finalmente, la incorporación de actividades físicas alternativas y emergentes conocidas como *"Lifestyle Sports"* (Wintle, 2022), como parkour, skate o actividades en la naturaleza, parecen una estrategia adicional eficaz. Al ofrecer contextos menos estructurados, estas actividades permiten al alumnado experimentar diversión auténtica, aumentando así su motivación hacia la actividad física y fortaleciendo su compromiso con un estilo de vida activo tanto dentro como fuera del contexto escolar ajustada el contexto en el que se implemente.

En definitiva, la aplicación integrada y consciente de estas estrategias, adaptadas al contexto en el que se quieran implementar, como la cesión de autonomía, implementación de modelos pedagógicos consolidados (TGfU y Educación Deportiva), pedagogías dialógicas colaborativas, el uso intencionado de narrativas, el fomento de relaciones sociales positivas o la inclusión de actividades físicas alternativas, proporcionará al profesorado de EF recursos basados en la evidencia para promover la diversión, el aprendizaje con significado y un compromiso con la adopción de estilos de vida activos y saludables.

Conclusiones

En este capítulo se ha destacado que la diversión constituye un elemento pedagógico prioritario en EF, fundamental no solo para que el alumnado viva experiencias positivas y satisfactorias, sino también para promover aprendizajes con significado que puedan transferirse más allá del contexto escolar. La evidencia revisada apunta a que cuando el alumnado percibe diversión durante las clases de EF, tiende a desarrollar una motivación de calidad y actitud más positiva hacia la práctica de actividad física. Sin embargo, se ha señalado que la diversión debe gestionarse con equilibrio y rigor pedagógico, integrándose de manera consciente en el proceso de enseñanza. Como reflejaba la metáfora planteada en este capítulo, la diversión podría considerarse el río que impulsa el aprendizaje en EF: imprescindible para avanzar, pero necesitando siempre un rumbo claro y educativo que marque el currículo y el contexto específico (p. ej., características del alumnado, profesorado, recursos disponibles, etc.).

Por otro lado, se ha subrayado cómo diversos marcos teóricos proporcionan fundamentos sólidos para comprender cómo y por qué promover experiencias divertidas en EF. Profundizar en ello puede ser una buena forma de identificar estrategias prácticas de intervención docente y mejorar la calidad de las clases de EF para ofrecer una EFcS, incluyendo la diversión. A nivel general, estos marcos explican que la diversión genuina surge cuando se satisfacen las necesidades psicológicas básicas, se favorece un clima orientado a la mejora personal (aprendizajes autorreferenciados), y cuando el desafío de las tareas se ajusta adecuadamente a las competencias del alumnado. En línea con esto, la investigación reciente revela que la diversión en EF tendría consecuencias positivas a nivel cognitivo, afectivo y conductual sobre el alumnado. En definitiva, la evidencia sugiere que cuando el alumnado disfruta de las clases, mejora su percepción de aprendizaje, incrementa su bienestar emocional y se compromete más activamente con la práctica física dentro y fuera de la escuela.

Una idea clave a considerar por parte del profesorado, señalada por Howley et al. (2025), es entender la diversión como una "característica trampolín", capaz de activar o hacer más visibles otros aspectos importantes del aprendizaje, como la interacción social o la competencia motriz. Esto sugiere que, al planificar las sesiones, el profesorado podría concebir la diversión no solo como un objetivo en sí mismo, sino como una herramienta pedagógica eficaz para lograr aprendizajes más amplios y profundos.

En último lugar, se han propuesto diferentes estrategias prácticas derivadas de la evidencia científica para facilitar al profesorado generar diversión en sus clases de EF. Estas recomendaciones destacan especialmente el papel de la autonomía, los climas motivacionales centrados en la tarea, el equilibrio adecuado entre reto y competencia, la reflexión sistemática sobre lo disfrutado, el fomentar la sensación de pertenencia al grupo y la introducción de actividades alternativas o emergentes (lifestyle sports) que respondan a los intereses del alumnado en ese momento.

En conclusión, integrar de manera consciente, equilibrada y con significado la diversión en las clases de EF se presenta como una oportunidad valiosa para generar experiencias educativas positivas, promoviendo así estilos de vida saludable y una actitud positiva a lo largo del tiempo hacia la práctica de la actividad física.

Referencias

Alberga, A. S.; Fortier, M.; Bean, C., y Freedhoff, Y. (2019). "Youth get a D+ grade in physical activity: How can we change public health messages to help reverse this trend?". *Applied Physiology, Nutrition, and Metabolism, 44*, 567-570. https://doi.org/10.1139/apnm-2018-0479

Beni, S.; Fletcher, T., y Ní Chróinín, D. (2017). "Meaningful experiences in physical education and youth sport: A review of the literature". *Quest, 69*(3), 291-312. https://doi.or
g/10.1080/00336297.2016.1224192

— (2019). "Using features of meaningful experiences to guide primary physical education practice". *European Physical Education Review, 25*(3), 599-615. https://doi.
org/10.1177/1356336X209841

— (2021). "'It's how PE should be!'": Classroom teachers' experiences of implementing
meaningful physical education". *European Physical Education Review, 27*(3), 666-
683. https://doi.org/10.1177/1356336X20984188

Costigan, S.; Grâstén, A.; Huhtiniemi, M.; Kolunsarka, I.; Lubans, D. R., y Jaakkola, T. (2024).
"Longitudinal associations between enjoyment of physical education, cardiorespira-
tory fitness, and muscular fitness among Finnish adolescents". *Scandinavian Journal
of Medicine y Science in Sports, 34*(6), e14678. https://doi.org/10.1111/sms.14678

Csikszentmihalyi, M. (1990). *Flow: The psychology of optimal experience*. Harper y Row.

Ferriz, R.; González-Cutre, D., y Julián, J. A. (2023). "Las conductas motivacionales docentes relacionadas con la satisfacción de las necesidades psicológicas básicas del
alumnado". En R. Ferriz, D. González-Cutre, y J. A. Julián (coords.), *Propuestas didácticas para mejorar la motivación en Educación Física y desarrollar estilos de vida
saludable* (pp. 35-66). Inde.

Ferriz, R.; Sevil-Serrano, J., y Abós, A. (2025). "Are physical education and school settings
effective contexts for promoting physical activity and health-related learning?". En L.
García-González, K. de Cocker y D. González-Cutre (eds.), *Motivation in physical education* (pp. 3-28). Springer Education.

Fernández-Río, J. (2017). "Redefining students' success (learning-oriented, self-referen-
ced) in today's physical education". *Journal of Physical Education, Recreation y Dance, 88*(3), 3-4. https://doi.org/10.1080/07303084.2016.1271251

Fernández-Río, J., y Saiz-González, P. (2023). "Educación Física con Significado (EFcS). Un
planteamiento de futuro para todo el alumnado". *Revista Española de Educación Física y Deportes, 437*(4), 1-9. https://doi.org/10.55166/reefd.v437i4.1129

Fernández-Río, J.; García, S., y Ferriz-Valero, A. (2023). "Selecting (or not) physical education as an elective subject: Spanish high school students' views". *Physical Education
and Sport Pedagogy, 10*(1), Article 762. https://doi.org/10.1080/17408989.2023.225
6762

Fletcher, T., y Ní Chróinín, D. (2022). "Pedagogical principles that support the prioritisation of meaningful experiences in physical education: Conceptual and practical considerations". *Physical Education and Sport Pedagogy, 27*(5), 455-466. https://doi.org
/10.1080/17408989.2021.1884672

Howley, D.; Dyson, B., y Baek, S. (2025). "All the better for it: Exploring one teacher-
researcher's evolving efforts to promote meaningful physical education". *European
Physical Education Review, 31*(1), 70-86. https://doi.org/10.1177/1356336X24124775

Ladwig, M. A.; Vazou, S., y Ekkekakis, P. (2018). "'My best memory is when I was done with
it': PE memories are associated with adult sedentary behavior". *Translational Journal
of the American College of Sports Medicine, 3*(16), 119-129. https://doi.org/10.1249/
TJX.0000000000000067

MAINSBRIDGE, C. P.; IANNUCCI, C.; PILL, S., y WILLIAMS, J. (2024). "Is there education in physical education? A narrative systematic review of research in physical education and learning". *Sport in Society*. Advance online publication. https://doi.org/10.1080/17430437.2024.2368628

NICHOLLS, J. G. (1989). *The competitive ethos and democratic education*. Harvard University Press.

RYAN, R. M. (2023). *The Oxford handbook of self-determination theory*. Oxford University Press. https://doi.org/10.1093/oxfordhb/9780197600047.001.0001

SAIZ-GONZÁLEZ, P.; SIERRA-DÍAZ, J.; IGLESIAS, D., y FERNÁNDEZ-RÍO, J. (2025). "Chasing meaningfulness in Spanish physical education: Old and new features". *Journal of Teaching in Physical Education, 45* (1)*, 217-225. https://doi.org/10.1123/jtpe.2024-0206

SICILIA, Á.; FERRIZ, R.; TRIGUEROS, R., y GONZÁLEZ-CUTRE, D. (2014). "Adaptación y validación española del Physical Activity Class Satisfaction Questionnaire (PACSQ)". *Universitas Psychologica, 13*(4), 1321-1332. https://doi.org/10.11144/Javeriana.UPSY13-4.ayve

VAN SLUIJS, E. M. F.; EKELUND, U.; CROCHEMORE-SILVA, I.; GUTHOLD, R.; HA, A.; LUBANS, D.; OYEYEMI, A. L.; DING, D., y KATZMARZYK, P. T. (2021). "Physical activity behaviours in adolescence: Current evidence and opportunities for intervention". *The Lancet*, 398(10298), 429-442. https://doi.org/10.1016/S0140-6736(21)01259-9

WALSETH, K.; ENGEBRETSEN, B., y ELVEBAKK, L. (2018). "Meaningful experiences in PE for all students: An activist research approach". *Physical Education and Sport Pedagogy, 23*(3), 235-249. https://doi.org/10.1080/17408989.2018.1429590

WINTLE, J. (2022). "Physical education and physical activity promotion: Lifestyle sports as meaningful experiences". *Education Sciences, 12*, 181. https://doi.org/10.3390/educsci12030181

Novedad. Elemento 2 de la EFcS

David González-Cutre

Universidad Miguel Hernández de Elche

Introducción

La "novedad" ha sido recientemente incorporada (Saiz-González *et al.*, 2025) como una característica de la Educación Física con Significado (EFcS). Esta característica hace referencia a experimentar algo que no se ha hecho antes o que es diferente a lo que habitualmente se hace (González-Cutre *et al.*, 2016), siempre teniendo en cuenta la dosis óptima de novedad que cada persona necesita (Ibáñez de Aldecoa *et al.*, 2022). Aunque inicialmente no fue identificada dentro de la EFcS (Beni *et al.*, 2017), la novedad fue la segunda característica más destacada por los participantes del estudio de Saiz-González *et al.* (2025) cuando se les pidió que recordaran sus experiencias positivas en Educación Física tanto en Primaria como en Secundaria. Por tanto, el hecho de vivir experiencias novedosas dentro de las clases de Educación Física parece ser un elemento muy relevante que ayudaría a los estudiantes a interpretar, valorar y dar sentido a sus aprendizajes, de manera que sean significativos para sus vidas.

No nos debe extrañar el papel tan destacado que juega la novedad dentro del aula de Educación Física, si nos paramos a pensar en el rol que tiene en nuestras vidas y que ha llevado a algunos autores a proponerla como una posible necesidad psicológica básica (Bagheri y Milyavskaya, 2020; González-Cutre *et al.*, 2016, 2020). El ser humano a lo largo de toda su historia ha mostrado un deseo continuo de innovar, con un marcado carácter evolutivo y una naturaleza inherente, como se puede apreciar con algunos de sus inventos más destacados. El fuego, la rueda, la bombilla, el avión, los antibió-ticos, el teléfono, Internet o, más recientemente, la inteligencia artificial generativa, son claros ejemplos de que la inevitabilidad del cambio es una constante universal. Tal y como muestran GONZÁLEZ-CUTRE, FERRIZ, y JIMÉNEZ-LOAISA (2025), la novedad tiene un rol esencial en nuestras vidas para mejorar nuestra motivación, desarrollo y bienestar. Todos nuestros descubrimientos cuando somos pequeños, nuestras primeras experiencias en el amor ado-lescente, una nueva oportunidad laboral o un nuevo proyecto dentro del mismo trabajo, una excursión por la naturaleza o ese viaje que tanto tiempo llevamos preparando, una visita sorpresa de familiares queridos, o incluso cuestiones más mundanas como una nueva coreografía de la actividad que hacemos en el gimnasio, un nuevo libro de nuestra escritora favorita, o una nueva temporada de una serie que nos tiene enganchadísimos, son situa-ciones novedosas de la vida que pueden representar un estímulo motivante. Su naturaleza psicológica y rol omnipresente reflejan que las experiencias novedosas se asocian con consecuencias cognitivas (lo que pensamos), afectivas (lo que sentimos) y comportamentales (lo que hacemos) positivas. Su carácter universal pone de manifiesto que todas las personas necesitan novedad en cualquier contexto de sus vidas (familia, estudios, trabajo, ocio, etc.), independientemente de su personalidad y su cultura. La evidencia científica nos enseña que la novedad se diferencia de otras necesidades psicológicas básicas (GONZÁLEZ-CUTRE, FERRIZ, y JIMÉNEZ-LOAISA, 2025), mos-trando entidad en sí misma, así como de otros componentes de la EFcS como la diversión (SAIZ-GONZÁLEZ *et al.*, 2025). Y es que la novedad tiene un contenido propio vinculado a todos los elementos novedosos que podemos incorporar en nuestras vidas y que, en su aplicación al contexto de la Edu-cación Física, se traducen en las diferentes estrategias motivacionales do-centes que podemos utilizar para apoyar o fomentar la novedad que veremos más adelante en este capítulo. Los seres humanos tratamos de tener expe-riencias que satisfagan nuestra necesidad de novedad y esas experiencias explican determinadas mejoras motivacionales. Es por ello que los estudian-tes, cuando experimentan una dosis óptima de novedad, disfrutan de sus aprendizajes y los incorporan a sus recuerdos esenciales, lo que puede faci-litar el aprendizaje competencial siempre y cuando se innove con una es-tructura y no solo por el mero hecho de innovar. Concebir la novedad como una necesidad psicológica básica supone un argumento teórico y científico potente para respaldar la innovación docente, que a todas voces se recla-ma, pero muchas veces sin la coherencia y evidencias necesarias.

La novedad y sus consecuencias positivas en Educación Física

Existe ya un amplio campo de conocimiento en torno al papel que juega la novedad como necesidad psicológica básica en Educación Física. Un número importante de estudios han tratado de analizar cómo la satisfacción (experiencias y situaciones novedosas) o frustración (rutina y monotonía) de la novedad se asocian con diferentes resultados adaptativos y desadaptativos en los estudiantes (Figura 3.1). La revisión de la literatura pone de manifiesto que la satisfacción de la novedad en Educación Física se relaciona positivamente con la motivación intrínseca (participar por diversión) en particular y con la motivación autónoma (valorar la importancia de la actividad) en general (Fernández-Espínola et al., 2020; Fierro-Suero et al., 2020; González-Cutre y Sicilia, 2019; González-Cutre et al., 2016; Hsu et al., 2023; Koka et al., 2021), con una mayor vitalidad y energía, estados psicológicos óptimos de total implicación y concentración, satisfacción con las clases (González-Cutre y Sicilia, 2019), esfuerzo (Hsu et al., 2023), compromiso (Kim et al., 2024), experiencias positivas (Mayo-Rota et al., 2024), disfrute, sentimiento de orgullo de participar en Educación Física (Fierro-Suero et al., 2024) e intención de hacer actividad física fuera del centro educativo (Aibar et al., 2021). Además, si se evita la monotonía (frustración de la novedad) en Educación Física podemos contribuir a desarrollar la inteligencia emocional (habilidad para percibir, entender y expresar emociones) (Trigueros et al., 2019) y la resiliencia (capacidad de adaptarse y superar las dificultades) (Trigueros et al., 2020) de nuestros estudiantes. Resulta coherente pensar que las situaciones novedosas bien estructuradas ayuden a que el alumnado gestione mejor sus emociones y pueda enfrentarse a las adversidades con un resultado positivo. Sin embargo, no satisfacer la novedad o frustrarla se asocia con la desmotivación (González-Cutre, Brugarolas-Navarro, et al., 2025; González-Cutre et al., 2016), emociones negativas como el aburrimiento, la desesperación, la ansiedad o el enfado (Fierro-Suero et al., 2024; González-Cutre, Brugarolas-Navarro, et al., 2025), la pérdida de concentración por la excesiva repetición, o incluso la creencia de que la habilidad no puede mejorar (ya que siempre se está haciendo lo mismo) (González-Cutre, Brugarolas-Navarro, et al., 2025).

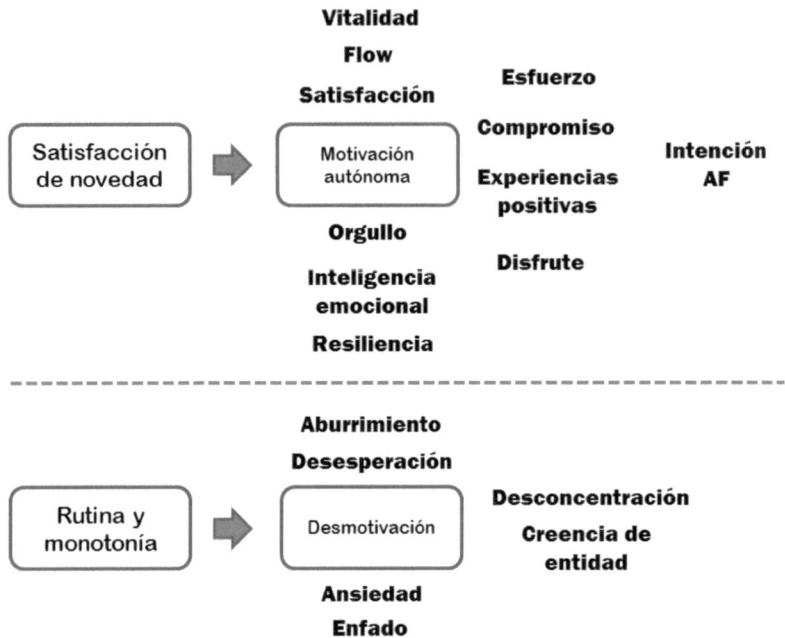

Figura 3.1. Consecuencias de la Novedad vs Monotonía en Educación Física.

Los resultados de los diferentes estudios nos muestran la importancia de promover experiencias novedosas en las clases de Educación Física, dotando así los aprendizajes de significado. La cuestión clave ahora es conocer los diferentes aspectos de las sesiones de Educación Física que podemos modificar como docentes para fomentar la innovación y lograr resultados positivos que transciendan las paredes del centro educativo y puedan resultar relevantes para la vida de nuestro alumnado. Partiendo de la evidencia científica y de las propuestas prácticas presentadas en anteriores publicaciones, en el siguiente apartado plasmaremos las principales estrategias que podemos utilizar para fomentar la novedad en Educación Física acompañadas con ejemplos prácticos de aplicación vinculados a la EFcS.

Estrategias motivacionales para fomentar la novedad en Educación Física y lograr un aprendizaje con significado

Trabajos previos (Ferriz *et al.*, 2023; González-Cutre *et al.*, 2021) han desarrollado un listado amplio de estrategias motivacionales docentes para fomentar la novedad en Educación Física (Figura 3.2). A continuación, presentamos estas estrategias ordenadas de mayor a menor efecto sobre la motivación del alumnado, atendiendo a la clasificación realizada por un grupo de 31 expertos de la Red Internacional de Investigación en Educación Física y Promoción de Hábitos Saludables (Ferriz *et al.*, 2023). En esta ocasión, ejemplificaremos cada estrategia poniendo el foco en la consideración de la novedad como un elemento clave de la EFcS.

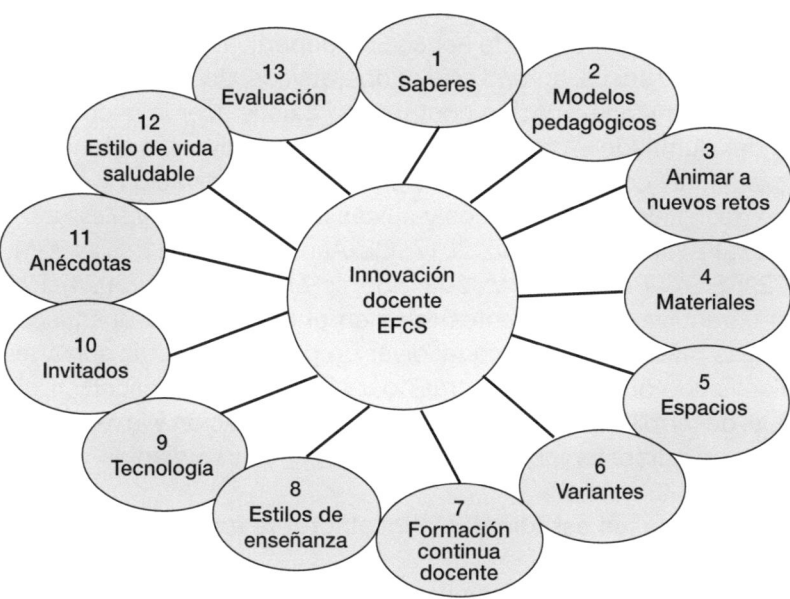

Figura 3.2. Estrategias Motivacionales Docentes de Apoyo a la Novedad en Educación Física.

1. **Poner en práctica situaciones de aprendizaje, saberes, unidades didácticas o proyectos novedosos**

Estamos ante una de las estrategias clave para conseguir que el alumnado tenga experiencias novedosas en nuestras clases. Partiendo de la legislación vigente y la programación docente, es fundamental presentar contenidos que puedan resultar innovadores para los estudiantes. Un ejemplo de esta estrategia puede ser el trabajo de algunos deportes alternativos en el aula de Educación Física. Existen estudios que han mostrado que la práctica de deportes como el Smashball, Colpbol, Ultimate, Goubak o Ringo se ha asociado con la satisfacción de la necesidad de novedad, el compromiso y la intención de practicar el deporte aprendido fuera del contexto escolar (Castillo-Roy *et al.*, 2021; Hernández-Martínez *et al.*, 2019; Llanos-Muñoz *et al.*, 2022; Manso-Lorenzo *et al.*, 2020; Simón-Piqueras *et al.*, 2024). Y en esta relación entre el nuevo deporte aprendido y su transferencia al tiempo de ocio es donde encontramos una clara representación de la EFcS.

2. Aplicar modelos pedagógicos basados en la evidencia que resulten innovadores para el alumnado

La enseñanza basada en modelos supone la actual base para una EFcS futura (Fernández-Río, 2024). La investigación ha revelado que modelos pedagógicos como el modelo de educación deportiva, modelo de responsabilidad personal y social, aprendizaje cooperativo, enseñanza comprensiva del deporte (TGfU) y gamificación contribuyen a satisfacer la necesidad de novedad del alumnado y producen mejoras en la motivación intrínseca y en la implicación, así como una disminución de la desmotivación y de la percepción de desigualdad entre chicos y chicas (Fernández-Río y Menéndez-Santurio, 2017; Fernández-Río *et al.*, 2017; Gil-Arias *et al.*, 2021; Llanos-Muñoz *et al.*, 2022; Simón-Piqueras *et al.*, 2024; Sotos-Martínez *et al.*, 2024). Por ejemplo, el aprendizaje de diferentes roles en el deporte o la búsqueda de las estrategias más efectivas para resolver un problema motriz son cuestiones con significado que se pueden trasladar al deporte extraescolar. Del mismo modo, el desarrollo de habilidades como la cooperación y la responsabilidad tiene una gran transferencia a la vida de nuestros estudiantes.

3. Animar a los estudiantes a involucrarse en nuevos retos y aprendizajes

Enfrentarse a nuevos retos puede dar miedo. No obstante, si esos retos están adaptados al nivel del estudiante y este percibe que puede conseguirlos, el impacto motivacional puede ser muy positivo. Es importante que animemos a los estudiantes a enfrentarse a lo nuevo, siempre adaptándonos a cada uno y de forma progresiva. Por ejemplo, el aprendizaje de alguna habilidad gimnástica podría generar ansiedad en el alumnado, pero con un adecuado planteamiento y apoyo podría aprender a superar las dificultades. Probablemente esta estrategia refleje cómo la novedad puede ser relevante para la gestión de emociones y el desarrollo de la resiliencia (Trigueros *et al.*,

2019, 2020) más allá del aula de Educación Física, tal y como hemos comentado anteriormente.

4. Usar materiales variados y novedosos

Dar a conocer a los estudiantes una gama amplia de materiales para la actividad física y el deporte supone un primer paso para que puedan utilizarlo en su vida diaria. Por ejemplo, emplear en algunas clases de Educación Física material característico de los centros de fitness puede ayudar a que estén familiarizados con él y se animen a utilizarlo fuera del contexto escolar, de forma autónoma o dirigida. La autoconstrucción de materiales[1] supone también una estrategia excelente para crear una gran variedad de material sorprendente, que el propio alumnado puede elaborar en su casa y utilizar en su tiempo libre.

5. Llevar a cabo actividades en espacios diferentes

Mostrar al alumnado diferentes espacios donde hacer actividad física puede ser una buena idea para lograr un efecto trans-contextual desde el centro educativo a la práctica físico-deportiva extraescolar. Trabajar ocasionalmente algunos deportes en las instalaciones del polideportivo municipal, plantear una unidad didáctica de actividades acuáticas en una piscina cercana al centro educativo, visitar un box de Crossfit, un parque de calistenia o un gimnasio en el que se llevan a cabo clases dirigidas, salir a la montaña o disfrutar de actividades deportivas en el mar, son algunos ejemplos que permiten conectar la Educación Física con el entorno en el que los estudiantes desarrollan su vida, proporcionando así significado al aprendizaje.

6. Modificar los elementos estructurales y funcionales de las actividades

Esta estrategia hace referencia a la introducción de variantes en las tareas, modificando elementos como los grupos, reglas, objetivos, dimensiones, roles, tipo de ejecución, número de repeticiones o complejidad (FERRIZ *et al.*, 2023; GONZÁLEZ-CUTRE *et al.*, 2021). Esta variabilidad permitiría que el alumnado se adapte mejor a cualquier situación deportiva que se le presente en el contexto extraescolar.

7. Participar en un proceso de formación continua

Aunque previamente hemos hablado de estrategias que repercuten directamente en el estudiante, aquí nos centramos en la formación continua del docente, que repercutiría indirectamente en el alumnado. Para poder innovar y fomentar una EFcS es fundamental que los docentes sigan apren-

---

[1] Ver el canal de Antonio Méndez-Giménez www.youtube.com/c/AntonioMéndezGiménez

diendo. Deben conocer las nuevas tendencias teóricas y prácticas que rodean a la Educación Física pero también la realidad próxima que rodea a sus estudiantes, para de esta manera conectar el aprendizaje de una forma significativa. Por ejemplo, conocer nuevos modelos de enseñanza o el enfoque de la EFcS nos ayuda a generar ideas que luego deberemos unir con el contexto vital de los estudiantes, tratando de que la aplicación de estas ideas tenga sentido para cada uno ellos.

8. Utilizar un amplio repertorio de estilos de enseñanza durante la intervención docente

El amplio espectro de estilos de enseñanza nos proporciona muchas opciones para trabajar diferentes habilidades que podrían ser útiles en el día a día del alumnado. Algunos ejemplos podrían ser la utilización de una enseñanza recíproca en la que el estudiante aprende a observar y enseñar a su compañero/a, un programa individual que permite al estudiante conocer su nivel y trabajar a su propio ritmo, un estilo socializador que fomenta el trabajo en equipo, o un estilo creativo que promueve la generación de ideas variopintas para solucionar un problema.

9. Utilizar las tecnologías de la información y comunicación con objetivos educativos

La novedad derivada del uso de la tecnología digital se ha asociado con una mayor motivación intrínseca y rendimiento académico del alumnado (CALDERÓN et al., 2020). Los diferentes medios digitales tienen una gran presencia en la vida actual, especialmente el teléfono móvil, y su utilización ocasional en las clases de Educación Física puede resultar útil para mejorar la motivación de los estudiantes y generar aprendizajes que se puedan trasladar a otros contextos. Por ejemplo, dentro de una unidad de orientación podemos introducir la aplicación Geocaching, tratando de que la búsqueda de tesoros sea un estímulo para hacer actividad física en el medio natural con su familia o amigos. También podemos trabajar con alguna aplicación de registro de la actividad física que les permita visualizar el cumplimiento de las recomendaciones semanales, o utilizar cualquier otra aplicación, entre las muchísimas opciones que hay, que facilite que los aprendizajes adquiridos sean aplicados fuera de la escuela.

10. Invitar a otras personas a presentar información o enseñar algún saber

Esta estrategia representa claramente la enseñanza con significado, puesto que la intervención de alguien ajeno al centro educativo serviría de enlace entre la escuela y el entorno próximo. Por ejemplo, la visita de un técnico de un club deportivo de la ciudad para hablarnos de su disciplina deportiva y el funcionamiento de su club puede estimular a algún estudiante a practicar dicho deporte. Otro ejemplo podría ser el de una madre de un estudiante del centro, que trabaja como monitora de actividades dirigidas en un gimnasio, y viene a darnos una clase de Bodycombat, o un padre que es enfermero y nos va a impartir una clase de primeros auxilios.

11. Explicar de una forma creativa utilizando anécdotas personales y el sentido del humor

Contar anécdotas de una manera distendida durante las explicaciones fomenta que los estudiantes asocien los aprendizajes con ejemplos mundanos concretos, favoreciendo su retención y su aplicación. Por poner un ejemplo, en una clase de cabuyería, el docente, que practica el descenso de barrancos en su tiempo libre, puede contar cómo utilizó un determinado nudo para llevar a cabo una maniobra de autorrescate en una situación que se le presentó. Es probable que con esta anécdota el uso de dicho nudo tenga más significado para el alumnado y se acuerde mejor de él.

12. Promover la adquisición de nuevos recursos y conocimientos por parte de los estudiantes para que puedan llevar un estilo de vida saludable

Esta estrategia refleja el aprendizaje competencial en el ámbito de la salud a través de los conocimientos novedosos desarrollados desde el centro educativo. Desde el área de Educación Física debemos hacer énfasis en la importancia de hacer actividad física moderada-vigorosa y trabajo de fuerza a lo largo de toda la vida. Es necesario inculcar los beneficios de un estilo de vida activo, dotar de los conocimientos básicos y promover una actitud positiva para poder realizar una actividad física saludable, así como informar de las recomendaciones de uso de pantallas y de los perjuicios de la actividad sedentaria. También es importante que haya aprendizajes con significado ligados a la alimentación saludable y el descanso y a las consecuencias negativas de consumir alcohol, tabaco y otras sustancias.

13. Implementar procesos de evaluación formativos y compartidos que sean novedosos para los estudiantes

El uso de la evaluación formativa le da significado al proceso de enseñanza-aprendizaje. Permite a los estudiantes saber qué han hecho bien y en qué pueden mejorar, resultando en un proceso de reflexión sobre cuestiones novedosas para ellos. Del mismo modo, el desarrollo de la capacidad de autoevaluación y de evaluación de otros supone una habilidad básica para muchas situaciones nuevas de la vida.

Conclusiones

La novedad parece ser un elemento muy relevante para la EFcS. Su concepción como necesidad psicológica básica refuerza el papel que juega en la Educación Física y da soporte a la innovación docente. Las experiencias novedosas se han asociado con muchas consecuencias positivas en Educación Física, mientras que la monotonía se ha relacionado con resultados desadaptativos. En este capítulo se han mostrado las diferentes estrategias que pueden utilizar los docentes para fomentar la novedad en Educación Física, dotándola de significado. Y es que quizá esa asociación personal entre el estímulo novedoso y algo valorado por el estudiante sea la base para considerarlo útil e incorporarlo en la identidad individual, tal y cómo hemos reflexionado en la exposición de dichas estrategias.

Referencias

Aibar, A.; Abós, A.; García-González, L.; González-Cutre, D., y Sevil-Serrano, J. (2021). "Understanding students' novelty satisfaction in physical education: Associations with need-supportive teaching style and physical activity intention". *European Physical Education Review*, 27(4), 779-797. https://doi.org/10.1177/1356336X21992791

Bagheri, L., y Milyavskaya, M. (2020). "Novelty-variety as a candidate basic psychological need: New evidence across three studies". *Motivation and Emotion*, 44(1), 32-53. https://doi.org/10.1007/s11031-019-09807-4

Beni, S.; Fletcher, T., y Ní Chróinín, D. (2017). "Meaningful experiences in physical education and youth sport: A review of the literature". *Quest*, 69(3), 291-312. https://doi.org/10.1080/00336297.2016.1224192

Calderón, A.; Meroño, L., y MacPhail, A. (2020). "A student-centred digital technology approach: The relationship between intrinsic motivation, learning climate and academic achievement of physical education pre-service teachers". *European Physical Education Review*, 26(1), 241-262. https://doi.org/10.1177/1356336X19850852

Castillo-Roy, L.; García-Cazorla, J.; Mayo, C.; García-González, L., y Abós, A. (2021). "Apoyo a las necesidades psicológicas básicas y la novedad del alumnado en una unidad didáctica de Smashball en Educación Primaria". *EmásF Revista Digital de Educación Física*, 73, 9-25.

Fernández-Espínola, C.; Almagro, B. J.; Tamayo-Fajardo, J. A., y Sáenz-López, P. (2020). "Complementing the self-determination theory with the need for novelty: Motivation and intention to be physically active in physical education students". *Frontiers in Psychology*, 11, Artículo 1535. https://doi.org/10.3389/fpsyg.2020.01535

Fernández-Río, J. (2024). "Cuento de navidad. 75 años de pedagogía de la Educación Física en España". *Revista Española de Educación Física y Deportes*, *438*(3, suplemento), 63-71.

Fernández-Río, J., y Menéndez-Santurio, J. I. (2017). "Teachers and students' perceptions of a hybrid sport education and teaching for personal and social responsibility learning unit". *Journal of Teaching in Physical Education*, *36*(2), 185-196. https://doi.org/10.1123/jtpe.2016-0077

Fernández-Río, J.; Sanz, N.; Fernández-Cando, J., y Santos, L. (2017). "Impact of a sustained Cooperative Learning intervention on student motivation". *Physical Education and Sport Pedagogy*, *22*(1), 89-105. https://doi.org/10.1080/17408989.2015.1123238

Ferriz, R.; González-Cutre, D., y Julián-Clemente, J. A. (2023). "Las conductas motivacionales docentes relacionadas con la satisfacción de las necesidades psicológicas básicas del alumnado". En R. Ferriz, D. González-Cutre y J. A. Julián-Clemente (eds.), *Propuestas didácticas para mejorar la motivación en Educación Física y desarrollar estilos de vida saludable* (pp. 35-66). Inde.

Fierro-Suero, S.; Almagro, B. J.; Sáenz-López, P., y Carmona-Márquez, J. (2020). "Perceived novelty support and psychological needs satisfaction in physical education". *International Journal of Environmental Research and Public Health*, *17*(11), Artículo 4169. https://doi.org/10.3390/ijerph17114169

Fierro-Suero, S.; González-Cutre, D.; Murta, L.; Almagro, B. J., y Sáenz-López, P. (2024). "Novelty, emotions and intention to be physically active in Physical Education students". *Apunts Educación Física y Deportes*, *156*, 47-56. https://doi.org/10.5672/apunts.2014-0983.es.(2024/2).156.06

Gil-Arias, A.; Diloy-Peña, S.; Sevil-Serrano, J.; García-González, L., y Abós, A. (2021). "A hybrid TGfU/SE volleyball teaching unit for enhancing motivation in physical education: A mixed-method approach". *International Journal of Environmental Research and Public Health*, *18*(1), Artículo 110. https://doi.org/10.3390/ijerph18010110

González-Cutre, D.; Brugarolas-Navarro, M.; Beltrán-Carrillo, V. J., y Jiménez-Loaisa, A. (2025). "The frustration of novelty and basic psychological needs as predictors of maladaptive outcomes in physical education". *Physical Education and Sport Pedagogy*, *30*(1), 64-77. https://doi.org/10.1080/17408989.2023.2167969

González-Cutre, D.; Ferriz, R., y Jiménez-Loaisa, A. (2025). "The important role of novelty in physical education: Conceptual definition and teachers' motivational techniques". En L. García-González, K. de Cocker y D. González-Cutre (eds.), *Motivation in physical education* (pp. 259-282). Springer.

González-Cutre, D.; Jiménez-Loaisa, A.; Abós, A., y Ferriz, R. (2021). "Estrategias motivacionales para incluir novedad y variedad en educación física". En L. García-González (ed.), *Cómo motivar en Educación Física. Aplicaciones prácticas para el profesorado desde la evidencia científica* (pp. 99-116). Servicio de Publicaciones Universidad de Zaragoza. https://doi.org/10.26754/uz.978-84-18321-22-1

González-Cutre, D.; Romero-Elías, M.; Jiménez-Loaisa, A.; Beltrán-Carrillo, V. J., y Hagger, M. S. (2020). "Testing the need for novelty as a candidate need in basic psychological needs theory". *Motivation and Emotion*, *44*(2), 295-314. https://doi.org/10.1007/s11031-019-09812-7

GONZÁLEZ-CUTRE, D., y SICILIA, A. (2019). "The importance of novelty satisfaction for multiple positive outcomes in physical education". *European Physical Education Review*, *25*(3), 859-875. https://doi.org/10.1177/1356336X18783980

GONZÁLEZ-CUTRE, D.; SICILIA, A.; Sierra, A. C.; FERRIZ, R., y HAGGER, M. S. (2016). "Understanding the need for novelty from the perspective of self-determination theory". *Personality and Individual Differences*, *102*, 159-169. https://doi.org/10.1016/j.paid.2016.06.036

HERNÁNDEZ-MARTÍNEZ, A.; MARTÍNEZ-URBANOS, I., y CARRIÓN-OLIVARES, S. (2019). "El Colpbol como un medio para incrementar la motivación en Educación Primaria". *Retos*, *36*, 348-353. https://doi.org/10.47197/retos.v36i36.70396

HSU, W. T.; LIN, A., y SHANG, I. W. (2023). "The role of novelty satisfaction in distance physical education during the COVID-19 pandemic: A self-determination theory perspective". *Psychological Reports*, *126*(6), 2924-2939. https://doi.org/10.1177/00332941221092655

IBÁÑEZ DE ALDECOA, P.; BURDETT, E., y GUSTAFSSON, E. (2022). "Riding the elephant in the room: Towards a revival of the optimal level of stimulation model". *Developmental Review*, *66*, Artículo 101051. https://doi.org/10.1016/j.dr.2022.101051

KIM, U. N.; JOO, W. Y.; KIM, R. G.; LEE, S. J.; LEE, B. G.; HWANG, J. H.; SONG, Y. G., y CHEON, S. H. (2024). "The role of novelty seeking between physical education teacher's autonomy support and student's classroom engagement". *The Korean Journal of Physical Education*, *63*(4), 383-395. https://doi.org/10.23949/kjpe.2024.7.63.4.24

KOKA, A.; TILGA, H.; HEIN, V.; KALAJAS-TILGA, H., y RAUDSEPP, L. (2021). "A multidimensional approach to perceived teachers' autonomy support and its relationship with intrinsic motivation of students in physical education". *International Journal of Sport Psychology*, *52*(3), 266-286. https://doi.org/10.7352/IJSP.2021.52.266

LLANOS-MUÑOZ, R.; LEO-MARCOS, F. M.; LÓPEZ-GAJARDO, M. A.; CANO-CAÑADA, E., y SÁNCHEZ-OLIVA, D. (2022). "¿Puede el Modelo de Educación Deportiva favorecer la igualdad de género, los procesos motivacionales y la implicación del alumnado en Educación Física?". *Retos*, *46*, 8-17. https://doi.org/10.47197/retos.v46.92812

MANSO-LORENZO, V.; EVANGELIO, C.; RUIZ-TENDERO, G., y GONZÁLEZ-VÍLLORA, S. (2020). "Teacher or student-centred model? Step-by-step analysis of basic psychological needs of a new sport - goubak". *Journal of Physical Education and Sport*, *20*, 3212-3221. https://doi.org/10.7752/jpes.2020.s6436

MAYO-ROTA, C.; DILOY-PEÑA, S.; GARCÍA-CAZORLA, J.; ABÓS, A., y GARCÍA-GONZÁLEZ, L. (2024). "Importancia de la satisfacción de las necesidades psicológicas básicas, la novedad y la variedad en el desarrollo de experiencias positivas del alumnado en Educación Física". *Revista Española de Educación Física y Deportes*, *438*(1), 38-49. https://doi.org/10.55166/reefd.v438i1.1109

SAIZ-GONZÁLEZ, P.; SIERRA-DÍAZ, J.; IGLESIAS, D., y FERNÁNDEZ-RÍO, J. (2025). "Chasing meaningfulness in Spanish physical education: Old and new features". *Journal of Teaching in Physical Education, 45* (1), 217-225. https://doi.org/10.1123/jtpe.2024-0206

SIMÓN-PIQUERAS, J. A.; GONZÁLEZ-CUTRE, D., y GARCÍA-LÓPEZ, L. M. (2024). "The potential of sport education to satisfy the basic psychological needs of children from socially vulnerable backgrounds". *Journal of Teaching in Physical Education*, *43*(3), 472-482. https://doi.org/10.1123/jtpe.2023-0107

SOTOS-MARTÍNEZ, V. J.; BAENA-MORALES, S., y FERRIZ-VALERO, A. (2024). "Gamificación y el poder de la novedad: revolucionando el aprendizaje de la educación física a través de estrategias lúdicas". *Magister*, *36*(1), 25-31. https://doi.org/10.17811/msg.36.1.2024.25-31

TRIGUEROS, R.; AGUILAR-PARRA, J. M.; LÓPEZ-LIRIA, R., y ROCAMORA, P. (2019). "The dark side of the self-determination theory and its influence on the emotional and cognitive processes of students in physical education". *International Journal of Environmental Research and Public Health*, *16*(22), Artículo 4444. https://doi.org/10.3390/ijerph16224444

TRIGUEROS, R.; MÍNGUEZ, L. A.; GONZÁLEZ-BERNAL, J. J.; AGUILAR-PARRA, J. M.; SOTO-CÁMARA, R.; ÁLVAREZ, J. F., y ROCAMORA, P. (2020). "Physical education classes as a precursor to the Mediterranean diet and the practice of physical activity". *Nutrients*, *12*(1), Artículo 239. https://doi.org/10.3390/nu12010239

4

Estilo Interpersonal Docente. Elemento 3 de la EFcS

Javier García-Cazorla, Luis García-González y Ángel Abós

Universidad de Zaragoza

Introducción

En las últimas décadas, el docente de Educación Física ha sido reconocido como una figura clave en el proceso de enseñanza-aprendizaje, no solo por su papel como guía y facilitador del conocimiento (Patall *et al.*, 2024), sino también por su influencia en la generación de experiencias positivas y/o negativas en los estudiantes (Slingerland y Borghouts, 2011). El estilo motivacional docente se ha definido como *"el conjunto de sentimientos y comportamientos interpersonales en los que se basan los docentes para motivar a los estudiantes a participar en las actividades de aprendizaje y beneficiarse de ellas"* (Reeve *et al.*, 2014). Diversos estudios han evidenciado que este estilo desempeña un papel determinante en el proceso motivacional del alumnado (Burgueño *et al.*, 2024; Vasconcellos *et al.*, 2020). Esta influencia no solo impacta la dinámica dentro del aula, en aspectos como el aprendizaje percibido y la calidad de las experiencias en Educación Física, sino que también trasciende el entorno escolar, influyendo en la intención del alumnado de mantenerse físicamente activo fuera del ámbito educativo (Diloy-Peña *et al.*, 2024). De hecho, se ha observado que el estilo motivacional docente puede incluso condicionar la cantidad de horas de Educación Física que los estudiantes desean recibir (García-Cazorla *et al.*, 2024).

Sin embargo, un estudio reciente en el contexto educativo español reveló que un porcentaje significativo de estudiantes percibe que sus experiencias en Educación Física son negativas (FENANDEZ-RÍO *et al.*, 2023). Este dato subraya la necesidad de profundizar en el impacto del estilo motivacional del docente, un elemento esencial en la configuración de estas experiencias ya que, como destacó DUDLEY *et al.* (2022), la mera participación en Educación Física no provocará el suficiente aprendizaje y desarrollo de los estudiantes. Como han señalado SAIZ-GONZÁLEZ *et al.* (2025), la manera en que el profesorado interactúa con su alumnado puede enriquecer o, por el contrario, perjudicar el proceso de enseñanza-aprendizaje. En este sentido, su efecto dependerá en gran medida de su alineación con la satisfacción y/o frustración que genere sobre las necesidades psicológicas básicas del alumnado, como son la autonomía, competencia y relación social (i.e., sensación de elección, eficacia, y pertenencia) (VASCONCELLOS *et al.*, 2020; WHITE *et al.*, 2021).

Modelo circular: Una comprensión detallada de los estilos motivacionales docentes

Desde el marco de la Teoría de la Autodeterminación (RYAN y DECI, 2017, 2020), numerosos estudios han evidenciado los efectos positivos que tiene el uso de estilos motivadores por parte de los docentes de Educación Física, así como los efectos negativos de los estilos desmotivadores en el proceso motivacional y experiencias de los estudiantes (VASCONCELLOS *et al.*, 2020; WHITE *et al.*, 2021). En este contexto, AELTERMAN *et al.* (2019) propusieron un *Modelo Circular* basado en la *Teoría de la Autodeterminación* con el objetivo de proporcionar una conceptualización más holística y comprensiva de los estilos motivacionales empleados por los docentes en sus clases (ver Figura 4.1).

Este modelo distingue cuatro estilos motivacionales docentes, estructurados en torno a dos ejes principales. En el eje horizontal, se diferencian los estilos motivadores o que promueven el apoyo a las necesidades psicológicas básicas de los estudiantes (i.e., **apoyo a la autonomía y estructura**) de aquellos desmotivadores o que amenazan las necesidades psicológicas básicas (i.e., **control y caos**). En el eje vertical, se distinguen los estilos en los que el docente ejerce una alta directividad en la interacción con el alumnado (i.e., **estructura y control**) de aquellos en los que la directividad es baja (i.e., **apoyo a la autonomía y caos**). Además, cada uno de estos estilos se subdivide en dos enfoques específicos, dando lugar a un total de ocho enfoques motivacionales que los docentes pueden adoptar en sus clases de Educación Física cuando interactúan con su alumnado (BURGUEÑO *et al.*, 2024; ESCRIVA-BOULLEY *et al.*, 2021).

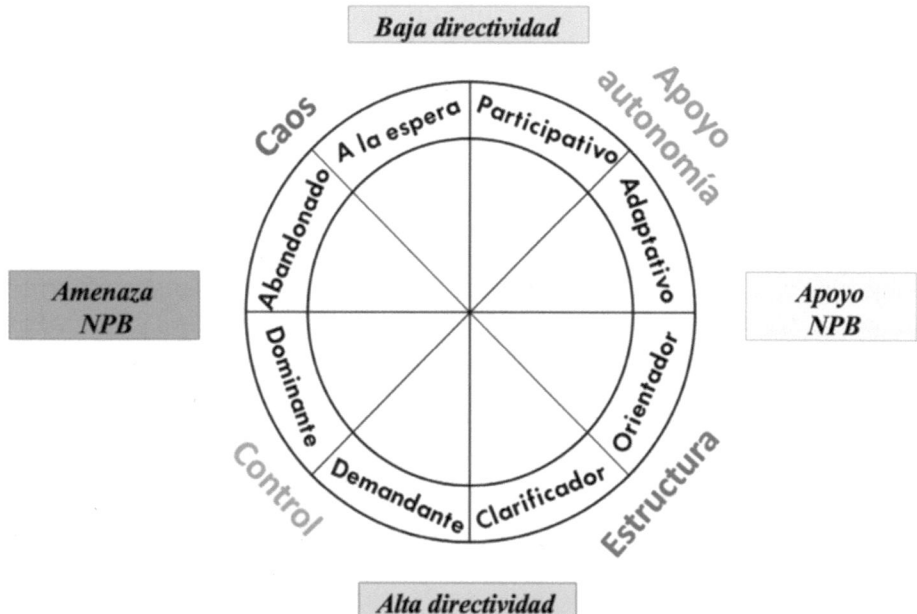

Figura 4.1. Modelo circular: Representación gráfica de los estilos y enfoques motivacionales docentes.

Nota. Fuente, traducido de AELTEMAN *et al.* (2019) y extraído de GARCÍA-GONZÁLEZ *et al.* (2021).

El primer estilo motivador es el **apoyo a la autonomía**, caracterizado por un entorno flexible y receptivo a los intereses y preferencias del alumnado (VANSTEENKISTE *et al.*, 2019). Este estilo se puede expresar a través del **enfoque participativo**, en el que los docentes permiten a sus estudiantes tomar decisiones y asumir responsabilidades, otorgándoles un rol activo y protagonista en las sesiones y tareas. Asimismo, el apoyo a la autonomía se puede manifestar mediante un **enfoque adaptativo**, en el que los docentes atienden las necesidades y preocupaciones individuales del alumnado, fomentan sus intereses y responden a sus inquietudes, aportando finalmente explicaciones justificadas (BURGUEÑO *et al.*, 2024). Así, un docente de Educación Física que apoya la autonomía es aquel que, en una situación de aprendizaje de balonmano, deja elegir a los estudiantes si quieren empezar trabajando el ataque o la defensa (**enfoque participativo**), al mismo tiempo que permite que los estudiantes expresen sus dudas o descontentos si algo no les gusta, reforzando la comprensión mediante explicaciones justificadas sobre la relevancia de las tareas y ayudándoles a encontrar sentido al proceso de aprendizaje (**enfoque adaptativo**).

Por otro lado, el **estilo estructurado** también se considera motivador, pero se diferencia del anterior en que implica una mayor directividad por parte del docente. Los docentes que emplean este estilo centran sus esfuerzos en guiar el aprendizaje de los estudiantes, proporcionando un marco de referencia claro y ajustando el nivel de las actividades a sus capacidades (SIERENS *et al.*, 2009). Dentro de este estilo se encuentran el **enfoque orientador**, en el que el docente ajusta las tareas según las necesidades y capacidades del alumnado y proporciona retroalimentación útil y orientada a los objetivos, y el **enfoque clarificador**, en el que el docente establece expectativas explícitas, comunica de manera detallada los objetivos de las sesiones y supervisa el progreso del alumnado de forma constante (ESCRIVA-BOULLEY *et al.*, 2021). Así, un docente de Educación Física estructurado es aquel que, en una situación de aprendizaje de carrera de larga duración, orienta el feedback hacia la mejora personal y el progreso individual (por ejemplo, mantener un ritmo estable o ascendente durante la carrera), sin recurrir a comparaciones entre estudiantes (**enfoque orientador**), al mismo tiempo que explica con claridad los objetivos de la unidad didáctica y las expectativas concretas de mejora, como puede ser indicarles que esperan que mejoren sus tiempos con respecto a la prueba inicial (**enfoque clarificador**).

En contraste con los anteriores, el **estilo controlador** se considera desmotivador, ya que amenaza las necesidades psicológicas básicas de los estudiantes, y además ejerce una alta directividad. Este estilo se basa en la utilización de estrategias de presión y/o manipulación personal para que los estudiantes cumplan con las expectativas de los docentes (BARTHOLOMEW *et al.*, 2018). Este estilo puede manifestarse a través del **enfoque demandante**, en el que el docente emplea estrategias de presión vinculadas al comportamiento, como órdenes inflexibles (i.e., solamente hay un camino para el aprendizaje y una única respuesta válida, la del docente), lenguaje coercitivo, recompensas condicionadas y amenazas de sanción como mecanismos de control. Asimismo, puede expresarse mediante el **enfoque dominador**, en el que el docente recurre a estrategias de presión vinculadas con la manipulación emocional, como la inducción de culpa o hacerles sentir vergüenza en público por su actuación, para influir en la conducta del alumnado (BURGUEÑO *et al.*, 2024). Así, un docente de Educación Física controlador es aquel que, en una Situación de Aprendizaje de artes circenses, dicta en todo momento los pasos a seguir y cómo debe ser el montaje final, sin permitir que los estudiantes propongan ideas o variaciones (**enfoque demandante**), y que, además, utiliza gestos de desaprobación o comenta-

rios irónicos cuando un estudiante comete errores, exponiéndolo pública-
mente ante sus compañeros (**enfoque dominador**).

Finalmente, el **estilo caótico** representa el otro extremo de los estilos
desmotivadores, caracterizado también por una baja directividad. Los docentes que adoptan este enfoque muestran comportamientos inconsisten-
tes y desorganizados, generando incertidumbre en los estudiantes sobre lo
que se espera de ellos (Haerens *et al.*, 2022). Este estilo puede reflejarse en
el **enfoque de abandono**, en el que los docentes dejan de prestar atención
a los estudiantes que no logran completar las tareas tras varios intentos fa-
llidos, y en el **enfoque a la espera**, donde la planificación de las sesiones
por parte de los docentes es mínima y el desarrollo de la clase se deja a la
improvisación, sin una guía clara para el aprendizaje del alumnado (Escriva-
Boulley *et al.*, 2021). Así, un docente de Educación Física caótico es aquel
que, en una situación de aprendizaje de bicicleta de montaña (BTT), si un
estudiante manifiesta miedo o dificultad técnica en algún tramo, el docente
opta por ignorarlo o simplemente le dice que "lo intente solo" sin ofrecer
ningún tipo de orientación o ayuda (**enfoque de abandono**). Además, no
establece recorridos adaptados ni da indicaciones claras antes de iniciar la
actividad, permitiendo que cada estudiante salga por donde quiera y al ritmo
que desee, sin prever puntos de control ni criterios de seguridad (**enfoque a
la espera**).

Según estudios previos y la secuencia propuesta por la Teoría de la Autodeterminación (Ryan y Deci, 2017), la percepción que tiene el alumnado
sobre el estilo motivacional utilizado por sus docentes tiene un impacto de-
cisivo en su propio proceso motivacional (Pelletier y Rocchi, 2002). Concretamente, los estudiantes que perciben que sus docentes utilizan **apoyo a la
autonomía** y **estructura** suelen experimentar una mayor satisfacción de sus
necesidades psicológicas básicas en Educación Física (i.e., autonomía,
competencia y relación social), mientras que aquellos que perciben estilos
docentes **controladores** o **caóticos** tienden a experimentar frustración de
estas (Burgueño *et al.*, 2024). Esta satisfacción o frustración influirá directamente en la calidad de la motivación de los estudiantes hacia la Educación
Física (Ryan y Deci, 2017). Por un lado, se ha evidenciado que los estudiantes
cuyas necesidades están satisfechas tienden a desarrollar niveles de motivación autónoma hacia la Educación Física (i.e., disfrutan de las clases, encuentran sentido a lo que hacen y reconocen el valor que esta aporta en su
vida fuera del contexto educativo). Por el contrario, aquellos que tienen sus
necesidades frustradas, tenderán más a desarrollar niveles de motivación
más controlada (i.e., hacer Educación Física por obligación o simplemente
para aprobar), o incluso a estar desmotivados (i.e., ausencia de interés e
implicación) (Vasconcellos *et al.*, 2020). Consecuentemente, estos diferentes
tipos de calidad de motivación generarán en los estudiantes diferentes re-

sultados, tanto dentro del contexto educativo (e.g., aprendizaje percibido, experiencias positivas), como fuera de él (e.g., intención de ser físicamente activos) (VASCONCELLOS *et al.*, 2020).

En consecuencia, parece fundamental que el profesorado adopte estilos motivadores en su práctica docente, con el objetivo de favorecer un proceso motivacional de calidad en el alumnado, al tiempo que se minimice el uso de estilos desmotivadores, y con ello, el riesgo de generar experiencias negativas asociadas a la Educación Física (RYAN y DECI, 2020; VASCONCELLOS *et al.*, 2020), con el objetivo final de crear una *Educación Física con Significado* (FLETCHER y NÍ CHRÓINÍN, 2022).

Hacia una Educación Física con Significado: Estrategias desde el Modelo Circular

Dada la importancia del estilo motivacional docente en el proceso motivacional y de aprendizaje del alumnado, parece importante tenerlo en cuenta para crear una *Educación Física con Significado*, que busca que los estudiantes vivan experiencias valiosas, relevantes y memorables (BENI *et al.*, 2017; NÍ CHRÓINÍN *et al.*, 2023). Esta propuesta se estructura en torno a ocho elementos clave: **interacción social, desafío justo, aprendizaje personalmente relevante, diversión, competencia motriz, novedad, respiro y estilo interpersonal docente** (SAIZ-GONZÁLEZ *et al.*, 2025). En este sentido, el *Modelo Circular* de (AELTERMAN *et al.*, 2019) permite analizar con detalle cómo los diferentes enfoques motivacionales docentes (i.e., participativo, adaptativo, orientador, clarificador, demandante, dominador, abandono y a la espera) pueden **favorecer o dificultar** una *Educación Física con Significado*.

En la Tabla 4.1 se proponen una serie de estrategias específicas basadas en el *Modelo Circular* (AELTERMAN *et al.*, 2019) y adaptadas de AHMADI *et al.* (2023), que fomentarán la *Educación Física con Significado*.

Tabla 4.1. Estrategias motivacionales basadas en el Modelo Circular que promueven una Educación Física con Significado

Enfoque Motivacional	Estrategias para fomentar o reconducir	Ejemplo
Participativo	Permitir al alumnado elegir aspectos organizativos de las tareas (espacio, material, normas, etc.)	Durante una situación de aprendizaje (SdA) de kinball, el alumnado elige el tamaño de la pelota, el tamaño del campo y las reglas.
	Ofrecer varias tareas alternativas con objetivos similares	En una SdA de balonmano, se ofrecen tres variantes del mismo juego (ataque 3x2, defensa en zona o juego reducido).
	Asignar roles funcionales dentro de la clase	En una sesión de voleibol, algunos estudiantes actúan como árbitros o entrenadores.
	Crear un consejo de aula con funciones decisorias	En una SdA de fútbol, se forma una comisión de alumnado encargada de proponer reglas adaptadas y dinámicas para un torneo final inclusivo.
Adaptativo	Adecuar la programación a preferencias de los estudiantes (qué contenido les interesa más)	En una SdA de deportes de raqueta, el docente ajusta las actividades tras detectar que el alumnado prefiere pádel en lugar de bádminton.
	Explicar el valor de las tareas para la vida diaria	Durante una sesión de rugby, se explica la importancia de la ocupación del espacio en todos los deportes.
	Escuchar quejas y promover espacios de diálogo	Tras varias sesiones de ultimate frisbee, el docente organiza una asamblea para que los estudiantes expresen qué les ha gustado y qué mejorarían.
	Establecer metas personalizadas	En una SdA de orientación, el alumnado establece sus propios retos temporales o espaciales al diseñar sus recorridos.
Orientador	Dar feedback específico y orientado a la mejora	En una sesión de baloncesto, el docente da feedback concreto sobre la toma de decisiones en situaciones de superioridad numérica durante juegos modificados.
	Usar preguntas abiertas para guiar el aprendizaje	En una SdA de hockey, se plantean preguntas como: "¿Qué opciones tienes para progresar cuando te presionan por el centro?" para fomentar reflexión táctica.
	Reforzar el esfuerzo y los logros	Durante un juego reducido en fútbol sala, el docente valora el esfuerzo por buscar espacios y ofrecer apoyos, más allá del resultado de la jugada.
	Ofrecer retroalimentación individual y en privado	En una sesión de bádminton, el docente observa como un estudiante concreto está ocupando mal los espacios. Lo separa y le da feedback individualizado.
Clarificador	Establecer expectativas claras y realistas	Antes de comenzar una SdA de balonmano, el docente explica que se espera implicación, trabajo en equipo y mejora táctica personal.
	Utilizar modelos o demostraciones prácticas	Durante una sesión de acrosport, se muestra un vídeo de ejemplos variados de figuras para inspirar al alumnado en sus propias creaciones.

Enfoque Motivacional	Estrategias para fomentar o reconducir	Ejemplo
	Plantear preguntas que profundicen el conocimiento	En una actividad de invasión, se lanzan preguntas como: "¿Qué opciones de pase seguro tienes en cada zona del campo?" para favorecer análisis del juego.
	Brindar guías detalladas y estructuradas para las tareas	Durante una SdA de rugby, se entrega a los estudiantes una guía que detalla roles ofensivos y defensivos básicos para cada situación de juego.
Demandante	Evitar amenazas o castigos y sustituirlos por refuerzos positivos	En una SdA de béisbol adaptado, en lugar de sancionar los errores, el docente refuerza verbalmente los intentos y las decisiones valientes.
	Rechazar la comparación entre estudiantes y centrarse en el progreso personal	En una sesión de juegos tradicionales, se evita cualquier tipo de ranking competitivo, reforzando únicamente la mejora individual.
	Sustituir el lenguaje impositivo por uno invitacional	En una SdA de floorball, se sustituye "Tenéis que..." por "Os invito a probar...".
	Eliminar prácticas de eliminación o exclusión en tareas o juegos	En una dinámica de eliminación, se transforma el juego para que al ser eliminado se pase a otro rol activo, evitando exclusión.
Dominador	Sustituir expresiones que inducen culpa por feedback constructivo	Durante una sesión de expresión corporal, el docente sustituye un "Eso está mal hecho" por "¿Qué querías expresar con ese gesto?".
	Evitar críticas públicas y proporcionar retroalimentación en privado	Al terminar un juego cooperativo, la retroalimentación se da en conversaciones individuales, evitando exponer errores delante del grupo.
	Emplear lenguaje corporal positivo y neutral	Durante una sesión de atletismo, el docente mantiene un lenguaje corporal abierto y expresivo para reforzar confianza.
	Focalizar la retroalimentación en la conducta, no en la persona	Tras una actividad técnica en rugby, el feedback se centra en la acción (e.g., "Si quieres que el pase llegue a una persona lejana, recuerda el movimiento rotacional de la mano al lanzar"), evitando juicios personales (e.g., "Luis, mal pase").
Abandono	Garantizar tiempos adecuados de práctica y supervisión constante	En una sesión de parkour, el docente establece tiempos de práctica para cada estación y circula para observar y acompañar.
	Apoyar de manera explícita al alumnado con mayores dificultades	Durante una SdA de escalada, se ofrece ayuda directa al alumnado con más dificultades motrices, sin esperar a que la soliciten.
	Observar y atender proactivamente a todo el alumnado	En una sesión de bádminton, el docente recorre los grupos constantemente para observar errores y ofrecer ajustes in situ.
	Identificar dificultades individuales y adaptar la enseñanza	En una SdA de baloncesto, se identifica que un grupo tiene dificultades tácticas y se adapta el formato de juego.
A la espera	No esperar a que el alumnado solicite ayuda: intervenir proactivamente	En una SdA de béisbol, el docente no espera a que los equipos fallen para intervenir, sino que anticipa dificultades y orienta la acción.

Enfoque Motivacional	Estrategias para fomentar o reconducir	Ejemplo
	Dar instrucciones claras antes de comenzar la práctica	Durante un partido de hockey, antes de comenzar, se explican roles, objetivos y reglas para evitar confusiones durante el juego.
	Corregir errores a tiempo con indicaciones precisas	En una SdA de voleibol, se detecta un error persistente en la rotación y se interviene con una tarea oportuna.
	Supervisar el desarrollo de tareas colectivas y ofrecer apoyo	En una SdA de deportes de invasión, el docente observa constantemente y se posiciona estratégicamente para intervenir.

Conclusión

La *Educación Física con Significado* requiere que el profesorado cree condiciones pedagógicas que faciliten la emergencia de sus ocho elementos clave. El *Modelo Circular* ofrece un marco valioso para guiar la acción docente, señalando qué enfoques favorecen un entorno con significado y cuáles lo dificultan. En particular, los estilos que combinan **apoyo a la autonomía** y **estructura** (**participativo, adaptativo, orientador, clarificador**) pueden promover mayores niveles de interacción social, desafío justo, aprendizaje personalmente relevante, diversión, disfrute y competencia motriz. Por el contrario, los **estilos controladores o caóticos** (**demandante, dominador, de abandono y a la espera**) tenderían a obstaculizar el desarrollo de estos elementos esenciales para una experiencia educativa positiva. Formar al profesorado en la aplicación consciente de enfoques motivadores (y evitar los desmotivadores) constituye, por tanto, un paso esencial para avanzar hacia una Educación Física que no solo enseñe a moverse, sino también a sentir, compartir, disfrutar y aprender con sentido. Solo así será posible construir una *Educación Física con Significado*.

Referencias

AELTERMAN, N.; VANSTEENKISTE, M.; HAERENS, L.; SOENENS, B.; FONTAINE, J. R. J., y REEVE, J. (2019). "Toward an integrative and fine-grained insight in motivating and demotivating teaching styles: The merits of a circumplex approach". *Journal of Educational Psychology*, *111*(3), 497-521. https://doi.org/10.1037/edu0000293

Ahmadi, A.; Noetel, M.; Parker, P.; Ryan, R. M.; Ntoumanis, N.; Reeve, J.; Beauchamp, M.; Dicke, T.; Yeung, A.; Ahmadi, M.; Bartholomew, K.; Chiu, T. K. F.; Curran, T.; Erturan, G.; Flunger, B.; Frederick, C.; Froiland, J. M.; González-Cutre, D.; Haerens, L., y Lonsdale, C. (2023). "A classification system for teachers' motivational behaviors recommended in self-determination theory interventions". *Journal of Educational Psychology*, *155*(8), 1158-1176 https://doi.org/10.1037/edu0000783

Bartholomew, K. J.; Ntoumanis, N.; Mouratidis, A.; Katartzi, E.; Thøgersen-Ntoumani, C., y Vlachopoulos, S. (2018). "Beware of your teaching style: A school-year long investigation of controlling teaching and student motivational experiences". *Learning and Instruction*, *53*, 50-63. https://doi.org/10.1016/j.learninstruc.2017.07.006

Beni, S.; Fletcher, T., y Ní Chróinín, D. (2017). "Meaningful Experiences in Physical Education and Youth Sport: A Review of the Literature". *Quest*, *69*(3), 291-312. https://doi.org/10.1080/00336297.2016.1224192

Burgueño, R.; Abós, Á.; Sevil-Serrano, J.; Haerens, L.; De Cocker, K., y García-González, L. (2024). "A Circumplex approach to (de)motivating styles in physical education: Situations-In-School-Physical Education Questionnaire in spanish students, pre-service, and in-service teachers". *Measurement in Physical Education and Exercise Science*, *28*(1), 86-108

Diloy-Peña, S.; García-González, L.; Burgueño, R.; Tilga, H.; Koka, A., y Abós, Á. (2024). "A Cross-Cultural Examination of the Role of (De-)Motivating Teaching Styles in Predicting Students' Basic Psychological Needs in Physical Education: A Circumplex Approach". *Journal of Teaching in Physical Education*, 1-13. https://doi.org/10.1123/jtpe.2023-0036

Dudley, D.; Mackenzie, E.; Van Bergen, P.; Cairney, J., y Barnett, L. (2022). "What drives quality physical education? a systematic review and meta-analysis of learning and development effects from physical education-based interventions". *Frontiers in Psychology*, *13*. https://doi.org/10.3389/fpsyg.2022.799330

Escriva-Boulley, G.; Guillet-Descas, E.; Aelterman, N.; Vansteenkiste, M.; Van Doren, N.; Lentillon-Kaestner, V., y Haerens, L. (2021). "Adopting the situation in school questionnaire to examine Physical Education teachers' motivating and demotivating styles using a circumplex approach". *International Journal of Environmental Research and Public Health*, *18*(14), 7342. https://doi.org/10.3390/ijerph18147342

Fenandez-Río, J.; García, S., y Ferriz-Valero, A. (2023). "Selecting (or not) physical education as an elective subject: Spanish high school students' views". *Physical Education and Sport Pedagogy*, 1-13. https://doi.org/10.1080/17408989.2023.2256762

Fletcher, T., y Ní Chróinín, D. (2022). "Pedagogical principles that support the prioritisation of meaningful experiences in physical education: conceptual and practical considerations". *Physical Education and Sport Pedagogy*, *27*(5), 455-466. https://doi.org/10.1080/17408989.2021.1884672

García-Cazorla, J.; Diloy-Peña, S.; Mayo-Rota, C.; García-González, L., y Abós, Á. (2024). "How many Physical Education hours do students desire? It depends on the (de-)motivating teaching style perceived". *Apunts Educación Física y Deportes*, *155*, 30-38. https://doi.org/10.5672/apunts.2014-0983.es.(2024/2).156.04

Haerens, L.; Matos, L.; Koc, A.; Benita, M., y Abos, A. (2022). "Examining school boards' chaotic leadership style in relation to teachers' job satisfaction and emotional exhaustion". *Teaching and Teacher Education*, *118*. https://doi.org/10.1016/j.tate.2022. 103821

Ní Chróinín, D.; Fletcher, T.; Beni, S.; Griffin, C., y Coulter, M. (2023). "Children's experiences of pedagogies that prioritise meaningfulness in primary physical education in Ireland". *Education 3-13*, *51*(1), 41-54. https://doi.org/10.1080/03004279.2021.1948 584

Patall, E. A.; Yates, N.; Lee, J.; Chen, M.; Bhat, B. H.; Lee, K.; Beretvas, S. N.; Lin, S.; Man Yang, S.; Jacobson, N. G.; Harris, E., y Hanson, D. J. (2024). "A meta-analysis of teachers' provision of structure in the classroom and students' academic competence beliefs, engagement, and achievement". *Educational Psychologist*, *59*(1), 42-70. https://doi.org/10.1080/00461520.2023.2274104

Reeve, J.; Vansteenkiste, M.; Assor, A.; Ahmad, I.; Cheon, S. H.; Jang, H.; Kaplan, H.; Moss, J. D.; Olaussen, B. S., y Wang, C. K. J. (2014). "The beliefs that underlie autonomy-supportive and controlling teaching: A multinational investigation". *Motivation and Emotion*, *38*(1), 93-110. https://doi.org/10.1007/s11031-013-9367-0

Ryan, R. M., y Deci, E. L. (2017). *Self-Determination Theory:* Basic Psychological Needs in Motivation, Development, and Wellness (R. M. Ryan y E. L. Deci, eds.). Guilford Press. https://doi.org/10.1521/978.14625/28806

— (2020). "Intrinsic and extrinsic motivation from a self-determination theory perspective: Definitions, theory, practices, and future directions". *Contemporary Educational Psychology*, *61*, 101860. https://doi.org/10.1016/j.cedpsych.2020.101860

Saiz-González, P.; Sierra-Díaz, J.; Iglesias, D., y Fernández-Río, J. (2025). "Chasing meaningfulness in Spanish physical education: Old and new features". *Journal of Teaching in Physical Education, 45* (1)*, 217-225. https://doi.org/10.1123/jtpe.2024-0206

Sierens, E.; Vansteenkiste, M.; Goossens, L.; Soenens, B., y Dochy, F. (2009). "The synergistic relationship of perceived autonomy support and structure in the prediction of self-regulated learning". *British Journal of Educational Psychology*, *79*(1), 57-68. https://doi.org/10.1348/000709908X304398

Slingerland, M., y Borghouts, L. (2011). "Direct and indirect influence of physical education-based interventions on physical activity: a review". *Journal of Physical Activity and Health*, *8*(6), 866-878. https://doi.org/10.1123/jpah.8.6.866

Vansteenkiste, M.; Ryan, R. M., y Soenens, B. (2020). "Basic psychological need theory: Advancements, critical themes, and future directions". *Motivation and Emotion*, *44*(1), 1-31. https://doi.org/10.1007/s11031-019-09818-1

Vasconcellos, D.; Parker, P. D.; Hilland, T.; Cinelli, R.; Owen, K. B.; Kapsal, N.; Lee, J.; Antczak, D.; Ntoumanis, N.; Ryan, R. M., y Lonsdale, C. (2020). "Self-determination theory applied to physical education: A systematic review and meta-analysis". *Journal of Educational Psychology*, *112*(7), 1444-1469. https://doi.org/10.1037/edu0000420

White, R. L.; Bennie, A.; Vasconcellos, D.; Cinelli, R.; Hilland, T.; Owen, K. B., y Lonsdale, C. (2021). "Self-determination theory in physical education: A systematic review of qualitative studies". *Teaching and Teacher Education*, *99*, 103247. https://doi.org/10.1016/j.tate.2020.103247

Interacción Social. Elemento 4 de la EFcS

Rubén Llanos-Muñoz, Javier Sevil-Serrano, Juan José Pulido, Miguel A. López-Gajardo y Francisco M. Leo

Universidad de Extremadura

Las relaciones interpersonales son un pilar clave para una Educación Física (EF) con significado, pues satisfacen la necesidad de establecer vínculos sociales, facilitan un propósito compartido en las actividades y aportan una dimensión afectiva y emocional a las experiencias de aprendizaje. Diversos estudios subrayan que tanto el vínculo profesorado-alumnado como las interacciones entre iguales constituyen un factor clave en el proceso de enseñanza-aprendizaje (Leo, López-Gajardo, Rodríguez-González, et al., 2023; Sparks et al., 2017; Vasconcellos et al., 2020; White et al., 2021). Estas interacciones en el aula se han analizado desde diferentes marcos teóricos, entre los que destacan la Teoría de la Autodeterminación (TAD; Deci y Ryan, 2000) y el Modelo Conceptual de Cohesión (MCC; Carron et al., 1985), los cuales analizan las relaciones profesorado-alumnado y alumnado-alumnado a partir de la satisfacción o frustración de la necesidad psicológica básica de las relaciones sociales y de la cohesión tarea y social en el aula, respectivamente.

La comprensión de estas perspectivas teóricas no solo permite analizar el papel que juegan las relaciones interpersonales en el aula, sino que también ofrece fundamentos sólidos para diseñar estrategias que fortalezcan las relaciones sociales y la cohesión de clase. En este sentido, la creación de vínculos afectivos de calidad y un fuerte sentido de pertenencia al grupo-clase pueden ayudar a generar experiencias con significado en EF (Beni et al., 2017; Saiz-González et al., 2025). Por tanto, el objetivo de este capítulo es proporcionar al profesorado de EF un sustento teórico, así como estrategias y recursos didácticos que les permitan promover, de manera intencionada y efectiva, las relaciones sociales y la cohesión de clase—cohesión tarea y cohesión social—, favoreciendo experiencias con significado en el aula, y consiguiendo un entorno educativo más inclusivo, motivador y enriquecedor para todo el alumnado.

Teoría de la Autodeterminación

Basado en la TAD (Deci y Ryan, 2000), la necesidad de relaciones sociales—junto con las de autonomía y competencia— es una de las tres necesidades psicológicas básicas que favorecen la motivación autónoma y diferentes consecuencias comportamentales, cognitivas y afectivas (Vasconcellos et al., 2020; White et al., 2021; ver Figura 5.1). En el contexto educativo, la necesidad de relaciones sociales se satisface cuando el alumnado percibe vínculos cercanos, afectuosos y recíprocos tanto con sus iguales como con el profesorado; por el contrario, la frustración de esta necesidad surge ante experiencias de rechazo, exclusión o soledad (Deci y Ryan, 2000). Según la TAD, esta necesidad psicológica básica puede ser apoyada o controlada en función de las estrategias adoptadas por el entorno social—profesorado, iguales y familias—. El profesorado de EF apoya las relaciones sociales en el aula cuando diseña estrategias de aprendizaje entre iguales, fomenta un clima cálido, cercano y empático, y no se centra exclusivamente por preocupaciones académicas, sino que tiene en cuenta aspectos personales extraescolares del alumnado. En cambio, controla las relaciones sociales cuando prioriza los logros individuales sobre los colectivos, no permite el trabajo en grupo o manifiesta desinterés hacia los pensamientos de los/las estudiantes (Leo, López-Gajardo y Pulido, 2023; ver Figura 5.1).

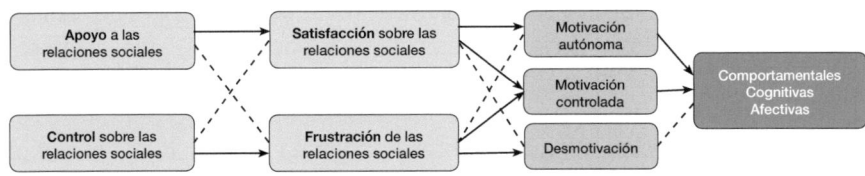

Figura 5.1. Secuencia de la Teoría de la Autodeterminación (Deci y Ryan, 2000) centrado en las Dimensiones de las Relación Sociales.

Nota. Flecha continua = relación positiva; flecha discontinua = relación negativa.

Modelo Conceptual de Cohesión

El MCC (CARRON *et al.*, 1985) establece que la cohesión de clase puede distinguirse en dos dimensiones principales: la cohesión tarea y la cohesión social. La cohesión tarea alude al grado en que el alumnado se siente unido y colabora activamente en la consecución de objetivos de aprendizaje comunes, mientras que la cohesión social hace referencia al conjunto de sentimientos y emociones que fortalecen los lazos interpersonales y la empatía dentro del grupo (LEO, FERNÁNDEZ-RÍO *et al.*, 2023). Esta cohesión de clase, considerada como un estado emergente dentro del modelo para el estudio de los grupos (EYS *et al.*, 2020), está condicionada por las características del alumnado y de la clase y que, junto con la estructura del grupo, donde el docente tiene un rol relevante, puede favorecer la creación de procesos de grupo óptimos para el aprendizaje, conllevando a consecuencias individuales y grupales en el contexto educativo (LEO, LÓPEZ-GAJARDO y PULIDO, 2023; ver Figura 5.2). En consecuencia, fomentar tanto la cohesión de tarea como la cohesión social en las clases de EF resulta esencial para crear un entorno educativo amplio, dinámico e integrador, en el que el alumnado pueda interactuar de forma activa, significativa y con confianza con sus iguales (LEO, FERNÁNDEZ-RÍO *et al.*, 2023).

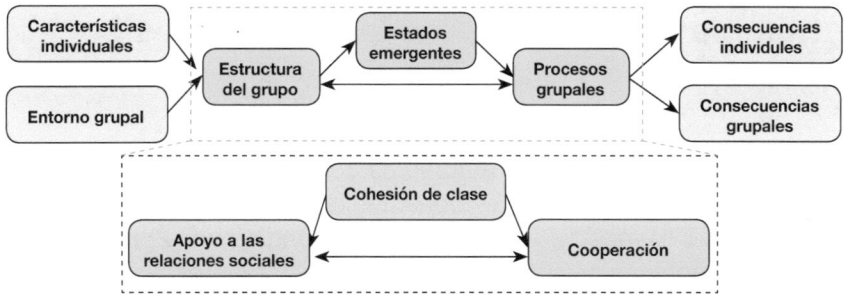

Figura 5.2. Modelo Teórico para el Estudio de los Grupos (EYS *et al*., 2020) y Adaptado al Contexto Educativo.

Aportación de la TAD y MCC a la EF con Significado

La EF constituye un contexto especialmente propicio para establecer relaciones interpersonales positivas y generar experiencias con significado en EF, pues sus actividades exigen colaboración y trabajo en equipo, metas compartidas con resultados visibles y vínculos afectivos de apoyo mutuo entre el alumnado (Leo, López-Gajardo, Rodríguez-González, *et al.*, 2023). Por ello, en el marco de la EF con significado, la satisfacción de las relaciones sociales y la cohesión de clase adquieren relevancia al nutrir las tres dimensiones del significado—propósito, significación y coherencia— identificadas por Martela y Steger (2016). Por un lado, estos constructos favorecen que el alumnado se sienta parte de un proyecto común, lo cual refuerza la orientación hacia metas colectivas (p. ej., propósito compartido). Por otro lado, las experiencias adquieren valor emocional cuando se comparten con otros/as (p. ej., significación). Finalmente, las relaciones estables y de apoyo generan un sentido de continuidad y pertenencia a un grupo a lo largo del tiempo (p. ej., coherencia), de modo que el alumnado percibe cada actividad de EF como parte de un proceso integrado y conectado con su desarrollo personal.

Por todo ello, las relaciones interpersonales y la cohesión de clase se configuran como pilares fundamentales para la construcción de experiencias con significado en el ámbito educativo, particularmente en el contexto de la EF (Saiz-González *et al.*, 2025). En este sentido, partiendo de la evidencia aportada por la TAD y el MCC, resulta imprescindible traducir estos constructos en acciones pedagógicas concretas dentro de la EF.

Estrategias para Favorecer las Relaciones Sociales y la Cohesión de Clase en EF

Bajo el sustento de la TAD, autores/as como Ahmadi *et al.* (2023) han establecido una serie de conductas docentes que permiten satisfacer las relaciones sociales: 1) mostrar apoyo positivo incondicional; 2) interesarse por el bienestar emocional y académico de los/as estudiantes; 3) expresar afecto; 4) promover la cooperación; 5) demostrar entusiasmo; 6) comprender la perspectiva del alumnado; y 6) fomentar la creación de grupos basados en intereses compartidos. A partir de la identificación de estos comportamientos, es posible derivar estrategias pedagógicas específicas (ver Tabla 5.1) que permitan al profesorado de EF fortalecer las relaciones sociales en el aula, contribuyendo así a la creación de entornos educativos más inclusivos, participativos y emocionalmente seguros.

De acuerdo con el MCC (Carron *et al.*, 1985), autores/as como Leo, López-Gajardo y Pulido (2023) propusieron una serie de estrategias que el profesorado de EF puede desarrollar para fortalecer la cohesión de clase: 1) implementar dinámicas organizadas en pequeños o grandes grupos, tanto en el contexto escolar como en espacios externos, 2) diseñar actividades con colaboración entre estudiantes, 3) crear procesos de co-evaluación grupales; 4) asignar responsabilidades compartidas; 5) crear vínculos comunicativos sólidos; y 6) reforzar habilidades sociales que mejoren las interacciones positivas entre iguales. Para favorecer específicamente la cohesión tarea, los/as docentes pueden establecer objetivos comunes que involucren a toda la clase, distribuyendo funciones interdependientes que requieran la colaboración activa para alcanzar los retos planteados. De igual forma, pueden reforzar la cohesión social mediante la programación de actividades que promuevan el conocimiento mutuo, el intercambio de intereses personales y el fortalecimiento de la empatía entre compañeros/as (ver Tabla 5.1).

Todas estas estrategias destinadas a fomentar la satisfacción de las relaciones sociales —entendida como los vínculos de calidad tanto entre el profesorado y el alumnado como entre los propios estudiantes— y la cohesión de clase —como expresión del grado de unión e integración entre todos los miembros de la clase— pueden implementarse desde un enfoque general y transversal a lo largo del desarrollo de una o varias situaciones de aprendizaje, o bien aplicarse de forma más específica y concreta durante el desarrollo de actividades que conforman las clases de EF (Leo, López-Gajardo, Rodríguez-González, *et al.*, 2023). A continuación, en la Tabla 5.1, se presentan algunas estrategias para favorecer las relaciones sociales y/o la cohesión tarea:

Tabla 5.1. Estrategias para Favorecer las Relaciones Sociales y la Cohesión de Clase en EF

Estrategia	Descripción	Ejemplo
Identificación con la clase	Diseño de acciones orientadas a crear un sentimiento de pertenencia al grupo-clase mediante el uso de elementos simbólicos compartidos.	Elaboración de elementos identificativos de la clase, tales como un nombre de clase, un lema común, una bandera o un logotipo elaborado colectivamente.
Objetivo/s de aprendizaje grupales	Establecer objetivo/s de aprendizaje grupal/es desde el inicio de las situaciones de aprendizaje para que toda la clase trabaje hacia una meta común. Esta estrategia implica definir una meta compartida que oriente el trabajo conjunto del alumnado y guíe las acciones grupales durante el proceso educativo.	Al iniciar una situación de aprendizaje sobre deportes colectivos, el profesorado puede proponer un objetivo común a toda la clase para mejorar los procesos colaborativos entre los miembros de un mismo equipo y entre los miembros de los diferentes equipos, como pueden ser mejorar aspectos tácticos en el juego.
Momentos para compartir emociones y/o aprendizajes	Organización de momentos planificados dentro de la clase para que el alumnado pueda compartir ideas, aprendizajes, emociones o experiencias relacionadas con su proceso de aprendizaje. Estos espacios pueden estructurarse a través de asambleas, puestas en común o debates guiados.	Al finalizar cada actividad, se establecen tiempos específicos donde el alumnado pueda expresar cómo ha colaborado con sus compañeros/as , negociar propuestas comunes y presentarlas al resto de la clase, así como compartir los aprendizajes o emociones surgidas durante la actividad.

© Ediciones Morata, S. L.

Estrategia	Descripción	Ejemplo
Trabajo colaborativo	Diseño de actividades de aprendizaje en las que el alumnado debe trabajar de manera interdependiente, asumiendo roles y responsabilidades compartidas dentro del grupo, donde los procesos comunicativos entre el alumnado son fundamentales para alcanzar los objetivos comunes planteados.	Una actividad colaborativa donde el alumnado se organiza en grupos de cuatro, y a cada miembro se le asigna un tipo de salto de Parkour. Tras practicar individualmente, se reúnen con el alumnado asignados al mismo salto para compartir estrategias y mejorar. Luego, regresan a su grupo para enseñar su salto al resto e integrar los cuatro movimientos en una secuencia conjunta.
Favorecer una evaluación continua y formativa	La evaluación continua y formativa consiste en recopilar información constante sobre el aprendizaje del alumnado para ofrecer retroalimentación útil, sin que esta se traduzca en una calificación. Esto permite que el foco esté en la mejora personal, evitando comparaciones entre estudiantes y favoreciendo una visión más colaborativa del aprendizaje.	El profesorado, mediante una rúbrica y/o una lista de cotejo, proporciona a un grupo la corrección de un trabajo escrito, destacando tanto los aspectos positivos como aquellos que pueden ser mejorados. El grupo tiene la oportunidad de analizar los errores grupalmente y realizar una nueva entrega del trabajo.
Involucrar al alumnado en su evaluación	La evaluación compartida implica otorgar al alumnado autonomía y responsabilidad en su proceso evaluativo, mediante técnicas como la autoevaluación, la coevaluación y el diálogo sobre los criterios. Estas prácticas no tienen por qué estar vinculadas a una calificación y permiten al alumnado reflexionar sobre su desempeño individual o grupal, identificar aspectos áreas de mejora y colaborar entre iguales para avanzar en su aprendizaje.	En la antepenúltima clase de una situación de aprendizaje vinculada al diseño de un montaje coreográfico, el alumnado observa a sus compañeros/as utilizando una rúbrica y/o lista de cotejo. Posteriormente, con la supervisión del docente, se ofrece retroalimentación a través de dicho instrumento, para que los miembros del grupo puedan seguir mejorando la coreografía en la penúltima clase antes de la exposición de la coreografía final.
Involucrar al alumnado en la evaluación del docente y de la asignatura	Consiste en facilitar la participación del alumnado en la evaluación del profesorado a través de instrumentos estructurados como cuestionarios, encuestas o espacios de retroalimentación. Esto ayuda a que los/las estudiantes perciban que su opinión es valorada, promoviendo una cultura de colaboración y respeto mutuo. Por otro lado, el profesorado puede mejorar su práctica docente gracias a la retroalimentación proporcionada por su alumnado, lo que genera un sentimiento de gratitud y aprendizaje bidireccional.	El profesorado solicita a su alumnado que cumplimente un cuestionario a mitad del primer trimestre para evaluar sus destrezas docentes y recoger una valoración general de la asignatura.
Dinámicas grupales	Las dinámicas grupales son actividades planificadas que permiten al alumnado conocer las habilidades, conocimientos, intereses, valores y aficiones de sus compañeros/as, generando así vínculos de confianza y empatía que faciliten posteriormente el trabajo colaborativo y el apoyo mutuo en los procesos de aprendizaje.	En la situación de aprendizaje inicial, el profesorado propone una actividad en la que cada estudiante comparte tres cosas sobre sí mismo/a (ej., una habilidad, un interés y un valor personal) con su grupo. Luego, cada grupo presenta al resto de la clase lo que ha descubierto de sus compañeros/as.

Estrategia	Descripción	Ejemplo
Heterogeneidad en grupos y roles	La creación de grupos heterogéneos y la rotación de roles en las actividades de aprendizaje garantizan una interacción rica y equitativa entre el alumnado. Asimismo, se buscar compartir dinámicas con compañeros/as diversos, para que cada estudiante aprenda de las fortalezas, perspectivas y experiencias de todos/as, ampliando sus propios conocimientos y contribuyendo a una construcción colectiva del aprendizaje.	Cada 3 minutos el/la profesor/a establece un cambio de parejas para representar personajes, emociones, situaciones, etc., lo que permite que los/as estudiantes interactúen con distintos/as compañeros/as, asuman diferentes roles narrativos y enriquezcan su empatía y comprensión colectiva de la actividad.
Proyectos educativos grupales basados en los intereses del alumnado	Diseñar y desarrollar proyectos grupales a partir de los intereses, inquietudes o necesidades detectadas en el alumnado. Esta estrategia implica que los/las estudiantes trabajen de forma cooperativa, creativa y con sentido de responsabilidad para planificar, ejecutar y presentar un producto o solución vinculada a un contexto real, integrando diversos elementos curriculares.	El alumnado, impulsado por sus propios intereses, participa en el diseño de un proyecto interdisciplinar de EF y Conocimiento del Medio Natural, Social y Cultural ambientado en la Edad Media.

Conclusiones

En conclusión, las relaciones sociales y la cohesión de clase representan pilares fundamentales para generar experiencias con significado en EF. A partir de marcos teóricos sólidos como la TAD y el MCC, y mediante estrategias pedagógicas concretas, el profesorado puede diseñar contextos de aprendizaje más integradores, inclusivos y emocionalmente enriquecedores, en los que cada estudiante se sienta valorado, conectado con los demás e identificado con su grupo-clase. Las estrategias desarrolladas, centradas en el fortalecimiento de los vínculos interpersonales y en la construcción de un clima de aula cohesionado, permiten que el alumnado experimente las clases de EF como experiencias compartidas, emocionalmente conectadas y con significado. Al sentirse escuchado, acompañado y parte de un propósito común, cada estudiante puede encontrar en la EF un espacio en el que no solo se aprende, sino en el que se generan vínculos significativos con los demás.

Referencias

AHMADI, A.; NOETEL, M.; PARKER, P.; RYAN, R. M.; NTOUMANIS, N.; REEVE, J.; BEAUCHAMP, M.; DICKE, T.; YEUNG, A.; AHMADI, M.; BARTHOLOMEW, K.; CHIU, T. K. F.; CURRAN, T.; ERTURAN, G.; FLUNGER, B.; FREDERICK, C.; FROILAND, J. M.; GONZÁLEZ-CUTRE, D.; HAERENS, L., y LONSDALE, C. (2023). "A classification system for teachers' motivational behaviors recommended in self-determination theory interventions". *Journal of Educational Psychology*, *115*(8), 1158-1176. https://doi.org/10.1037/edu0000783

BENI, S.; FLETCHER, T., y NI CHRÓINÍN, D. (2017). "Meaningful experiences in Physical Education and youth sport: A review of the literature". *Quest*, *69*(3), 291-312. https://doi.org/10.1080/00336297.2016.1224192

CARRON, A. V.; WIDMEYER, W. N., y BRAWLEY, L. R. (1985). "The development of an instrument to assess cohesion in sport teams: The Group Environment Questionnaire". *Journal of Sport and Exercise Psychology*, *7*(3), 244-266. https://doi.org/10.1123/jsp.7.3.244

DECI, E. L., y RYAN, R. M. (2000). "The 'what' and 'why' of goal pursuits: Human needs and the self-determination of behavior". *Psychological Inquiry*, *11*(4), 227-268. https://doi.org/10.1207/S15327965PLI1104_01

EYS, M.; EVANS, B., y BENSON, A. (2020). *Group dynamics in sport* (5.ª ed.). FiT Publishing.

LEO, F. M.; FERNÁNDEZ-RÍO, J.; PULIDO, J. J.; RODRÍGUEZ-GONZÁLEZ, P., y LÓPEZ-GAJARDO, M. A. (2023). "Assessing class cohesion in primary and secondary education: Development and preliminary validation of the Class Cohesion Questionnaire (CCQ)". *Social Psychology of Education*, *26*, 141-160. https://doi.org/10.1007/s11218-022-09738-y

LEO, F. M.; LÓPEZ-GAJARDO, M. Á., y PULIDO, J. J. (2023). "Development of cohesion and relatedness in the classroom to optimize learning processes in the educational setting". En B. Ng (ed.), *Self-determination theory and socioemotional learning* (pp. 105-126). Springer.

LEO, F. M.; LÓPEZ-GAJARDO, M. Á.; RODRÍGUEZ-GONZÁLEZ, P.; PULIDO, J. J., y FERNÁNDEZ-RÍO, J. (2023). "How class cohesion and teachers' relatedness supportive/thwarting style relate to students' relatedness, motivation, and positive and negative outcomes in physical education". *Psychology of Sport and Exercise*, *65*, 102360. https://doi.org/10.1016/j.psychsport.2022.102360

MARTELA, F., y STEGER, M. F. (2016). "The three meanings of meaning in life: Distinguishing coherence, purpose, and significance". *The Journal of Positive Psychology*, *11*(5), 531-545. https://doi.org/10.1080/17439760.2015.1137623

SAIZ-GONZÁLEZ, P.; SIERRA-DÍAZ, J.; IGLESIAS, D., y FERNÁNDEZ-RÍO, J. (2025). "Chasing meaningfulness in Spanish physical education: Old and new features". *Journal of Teaching in Physical Education, 45* (1)*, 217-225. https://doi.org/10.1123/jtpe.2024-0206

SPARKS, C.; LONSDALE, C.; DIMMOCK, J., y JACKSON, B. (2017). "An intervention to improve teachers' interpersonally involving instructional practices in high school physical education: Implications for student relatedness support and in-class experiences". *Journal of Sport and Exercise Psychology*, *39*(2), 120-133. https://doi.org/10.1123/jsep.2016-0198

VASCONCELLOS, D.; PARKER, P. D.; HILLAND, T.; CINELLI, R.; OWEN, K. B.; KAPSAL, N.; LEE, J.; ANTCZAK, D.; NTOUMANIS, N.; RYAN, R. M., y LONSDALE, C. (2020). "Self-determination theory applied to physical education: A systematic review and meta-analysis". *Journal of Educational Psychology, 112*(7), 1444-1469. https://doi.org/10.1037/edu0000420

WHITE, R. L.; BENNIE, A.; VASCONCELLOS, D.; CINELLI, R.; HILLAND, T.; OWEN, K. B., y LONSDALE, C. (2021). "Self-determination theory in physical education: A systematic review of qualitative studies". *Teaching and Teacher Education, 99*, 103247. https://doi.org/10.1016/j.tate.2020.103247

Aprendizaje personalmente relevante. Elemento 5 de la EFcS

Damián IGLESIAS
Universidad de Extremadura

José COTO-LOUSAS
Universidad Pública de Navarra

I don't think our physical education teachers are willing to do the research to find out more than just the basic rules... I'd be more interested if they went beyond the basic rules. For our test in ping pong we had to know how long the ping pong table is and how high the net is. When is that ever going to help you?... [Whereas] if you were watching a basketball game and you could say 'oh they are doing a full court press and so maybe that caused this.' That would be more interesting to learn about (GARN *et al.*, 2011, p. 232).

No creo que nuestros profesores de educación física estén dispuestos a investigar para descubrir más allá de las reglas básicas... Me interesaría más si fueran más allá de las reglas básicas. Para nuestra prueba de ping pong, teníamos que saber la longitud de la mesa y la altura de la red. ¿Cuándo va a ser útil eso?... [En cambio] si estuvieras viendo un partido de baloncesto y pudieras decir: "Ah, están presionando toda la cancha y quizás eso causó esto", sería más interesante aprender sobre eso (GARN *et al.*, 2011, p. 232).

Introducción y conceptualización

El aprendizaje personalmente relevante (ApR) es otro de los elementos fundamentales que deberían formar parte de las experiencias (positivas) de los estudiantes en su paso por la asignatura de educación física (EF), con el objetivo de contribuir con significado a sus vidas (Fletcher *et al.*, 2021).

En ocasiones, algunos docentes han manifestado que *"a veces había lecciones que enseñaba que ni siquiera estaba seguro de cuál era la intención de aprendizaje. No fue raro observar una baja motivación de los estudiantes"* (Down, 2023). Estudios de investigación han sugerido que, en ocasiones, algunos estudiantes manifiestan no estar aprendiendo en las clases de EF, que lo que aprenden es irrelevante para sus vidas, y que la EF requiere pensar poco o nada (Garn *et al.*, 2011).

Es precisamente sobre la claridad y la transferencia de los aprendizajes hacia otros escenarios escolares (p.e., recreos, asignaturas "no motrices") y puertas afuera del recinto escolar, donde se centra específicamente este elemento relativo al ApR (Fernández-Río y Saiz-González, 2023). Bajo el marco conceptual de la Educación Física con Significado (EFcS), las vivencias que tienen lugar dentro de las clases de EF deben mantener una alta conexión con el exterior, de manera que las actividades realizadas durante el tiempo de aula tendrán significado (personal) en la medida en que cada individuo pueda aplicar lo aprendido en su día a día (Fletcher *et al.*, 2021). Por esta razón, es muy importante que los docentes ayuden a sus estudiantes a establecer estos nexos (con significado) para promover estilos de vida activos y saludables duraderos en el tiempo (Fletcher *et al.*, 2021; Kretchmar, 2006).

Por un lado, la evidencia señala que algunos estudiantes no comprenden bien las relaciones entre la EF y la actividad física (AF) fuera del contexto escolar (Parker *et al.*, 2018). Por otro lado, también indica la investigación que el aprendizaje adquiere mayor significado cuando los estudiantes pueden establecer conexiones entre sus experiencias en las clases de EF y aspectos de la vida diaria fuera del contexto escolar (Beni *et al.*, 2017). En consecuencia, el profesorado debería hacer explícitas estas vinculaciones sobre cómo sus experiencias en clase pueden relacionarse con un abanico mucho más amplio de posibilidades para participar en AF fuera del aula, y también dar oportunidades a los estudiantes para que se apropien de su aprendizaje, posibilitando que ellos puedan tomar decisiones y reflexionar sobre sus experiencias, favoreciendo así el significado personal y la significatividad de sus experiencias (Beni *et al.*, 2017). Esto implica que los docentes deberían dejar muy patentes y presentes su declaración de intenciones durante las clases, facilitando en consecuencia que los estudiantes tuviesen (muy) claras las respuestas a las preguntas (Fletcher *et al.*, 2021): ***¿Qué es-***

*toy aprendiendo? ¿**Por qué** es importante este aprendizaje? ¿**Cómo** puedo aplicar este aprendizaje en mi vida personal?* (Figura 6.1).

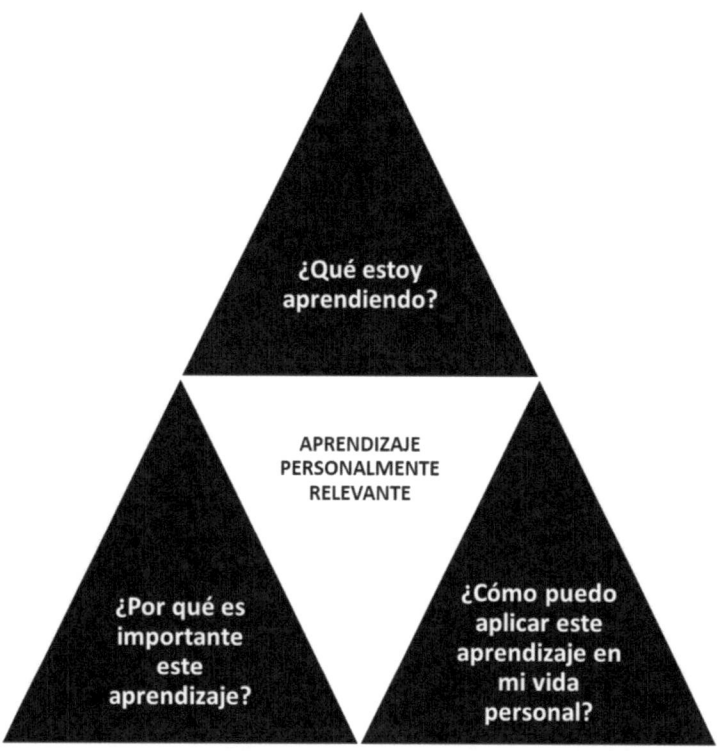

Figura 6.1. Preguntas esenciales para el aprendizaje personalmente relevante (basado en Milne, 2023).

Además, deben hacer explícitas las razones de estas conexiones y también ofrecer contenidos que sean accesibles y estén contextualizados para que puedan ser de relevancia personal. Por ejemplo, en el estudio de Braga *et al.* (2015) se demostró que el ciclismo de montaña y el tiro con arco fueron consideradas actividades con más significado personal que fútbol y voleibol, debido a que estaba disponible y valorado en el entorno local. En esta misma línea, un estudio reciente encontró que las aplicaciones móviles pueden ser una estrategia educativa adecuada para mejorar la calidad de la enseñanza en EF y promover la AF en el tiempo libre de los estudiantes (Gil-Espinosa *et al.*, 2022), lo que sugiere que también la tecnología, cuando se contextualiza adecuadamente, puede contribuir a aumentar la motivación y el interés del alumnado. Este tipo de evidencias empíricas refuerzan la necesidad de adoptar enfoques pedagógicos que prioricen el sentido y la relevancia personal de las experiencias motrices. Tomando como referencia los principios pedagógicos reflexivos y democráticos que rigen la EFcS (Fletcher y Ní Chróinín, 2022), los docentes deberían incluir en su intervención didáctica estrategias encaminadas a dar sentido y propósito a las actividades motrices realizadas en clase, buscando este ApR en particular como elemento que contribuya a priorizar intencionadamente experiencias con significado. Presentamos a continuación algunas ideas que quizás podrían servir de orientación.

Estrategias pedagógicas para fomentar el aprendizaje personalmente relevante

¿Qué podríamos hacer como docentes para impulsar el ApR en las clases de EF? Tomando como base e inspiración las aportaciones de Down (2023), enunciamos un conjunto de estrategias relacionadas entre sí (sin orden de prioridad) que podrían fomentar el ApR.

A. **Conocer (muy) bien al alumnado.** Para una buena conexión actividades-alumnado, es fundamental conocer a nuestro grupo lo mejor posible. Realizar encuestas o entrevistas puede ser una excelente forma de identificar sus intereses, aficiones y metas. Esta información permite diseñar actividades que sean más relevantes para ellos y tengan significado, favoreciendo una mayor participación durante el aprendizaje.

B. **Propósito (muy) claro.** Los objetivos deben ser ¡muy claros y explícitos! ¿Qué están aprendiendo los estudiantes? La intencionalidad de los aprendizajes debe ser conocida de manera clara y auténtica por los estudiantes (Hattie y Clarke, 2018). Todas las situaciones de aprendizaje, cada clase, cada actividad..., requieren claridad respecto al aprendizaje por parte de los estudiantes (Alfrey, 2024).

C. **Ajuste al contexto de los estudiantes.** Identificar las fortalezas, capacidades, conocimientos y recursos de los estudiantes. Las clases deben dar respuesta a todos los estudiantes, de manera que puedan verse reflejados en el currículo y en los recursos de su entorno de aprendizaje (Lynch *et al.*, 2021).

D. **El alumnado establece sus propias metas (con significado).** Los objetivos a conseguir no deberían estar centrados en lo que el profesorado considera importante, sino en lo que cada estudiante pone en valor como meta individual. Así, los docentes estarían brindando oportunidades para transferir los aprendizajes a otros contextos dentro y fuera del ámbito escolar (Fletcher *et al.*, 2021).

E. **Los estudiantes toman decisiones - actividades personalizadas y proyectos basados en intereses.** Permitir al alumnado elegir actividades y proyectos que conecten con sus intereses personales puede incrementar la motivación y el compromiso. Es importante brindar oportunidades en la toma de decisiones y dejar que los estudiantes participen para que sus experiencias sean más relevantes (BENI *et al.*, 2019). Por ejemplo, si un grupo está interesado en el baile, puede desarrollar un proyecto relacionado con esta temática dentro del marco de la EF. Los estudiantes a quienes se les ofrece la posibilidad de elegir su entorno de aprendizaje, muestran mayores niveles de participación y disfrute (VAN DEN BERGHE *et al.*, 2014).

F. **Conexiones con la comunidad local.** Conectar a los estudiantes con la oferta y posibilidades de realización de AF en su entorno más cercano, facilitaría su participación continuada en AFs a lo largo de la vida. En los centros educativos debería informarse a los estudiantes sobre estas opciones de práctica de AF, a partir de sinergias y colaboraciones entre escuela y sociedad (LAMBDIN y ERWIN, 2007). De este modo se podría facilitar una conexión con significado entre los escenarios "en clase" y "fuera de clase", ayudando a los estudiantes a conectar lo que están aprendiendo con sus vidas más allá del aula (BENI *et al.*, 2019).

G. **Aplicar enfoques activistas.** Proporcionar espacios seguros para la realización de actividades motrices que interesen a todos y cada uno de los estudiantes, independientemente de su identidad de género (LYNCH *et al.*, 2021). La totalidad del alumnado toma decisiones y elecciones sobre su participación en las actividades (AZZARITO *et al.*, 2006).

H. **Invitar a la reflexión con preguntas, fomentando la "cultura de la voz".** Propiciar momentos para la reflexión en la estructura de clase, fomentando la cultura de la voz (CARDIFF *et al.*, 2023). Esto es un aspecto clave relacionado directamente con uno de los pilares básicos de la EFcS: la reflexión (FLETCHER y NÍ CHRÓINÍN, 2022). Hay que potenciarla dentro del aula y planificar momentos para ello. Además, aquí también entraría en juego el otro componente didáctico fundamental de la EFcS: pedagogía democrática (FLETCHER y NÍ CHRÓINÍN, 2022). Por tanto, los momentos de reflexión deberían llevarse a cabo en un contexto de participación democrática, es decir, respetando los turnos de intervención, potenciando la actitud de escucha, compartiendo con los demás mis experiencias, sentimientos y vivencias. En definitiva, los docentes deberían generar en clase un espacio democrático común donde con total libertad los estudiantes expresen y manifiesten como se han sentido durante la realización de las actividades de aula.

Aquello que va a ser personalmente relevante, suele comenzar con la reflexión de los estudiantes sobre un recuerdo o una experiencia (Jung, 2023). Uno podría preguntarse: "¿Por qué es importante este aprendizaje?" y "¿Cómo se puede aplicar este aprendizaje a la vida?" (Fletcher *et al.*, 2021). Bajo este razonamiento, Milne (2023) elaboró un pequeño listado de posibles preguntas de "bolsillo trasero" con el objetivo de disponer de indicaciones concisas que invitasen a la reflexión a sus estudiantes durante las clases de EF. En palabras del propio Milne (2023), estas preguntas pueden ser tu "arma secreta" para promover el ApR en particular y la EFcS en general, porque "sirven como vehículo para fomentar el autodescubrimiento, profundizar en la comprensión, promover la participación en la EF y, con suerte, inculcar una relación duradera con el movimiento". Las preguntas pueden integrarse fácilmente en diferentes momentos de la clase, ya sea para iniciar conversaciones, reflexionar, sugerir..., fomentando también la interacción entre y con el alumnado (Milne, 2023). Este pequeño conjunto de preguntas no constituye un listado cerrado. Se trata de un punto de partida donde profesorado y alumnado pueden cocrear otras preguntas desde sus experiencias y significados, con un lenguaje compartido. Las presentamos a continuación en la Figura 6.2.

¿Que aprendiste con esta actividad que pudiese influir en tu decisión de hacer AF a lo largo de la vida?

¿Cómo podrías aplicar lo que has aprendido en esta situación de aprendizaje para mejorar tu bienestar futuro y disfrutar de la AF?

¿De qué manera estas últimas clases de EF te han ayudado a crecer como persona? ¿Has descubierto algo nuevo sobre ti?

¿Si pudieras cambiar algún aspecto de la clase de hoy para hacerla más inclusiva y participativa, Cuál sería?

¿Cómo podemos hacer para que las necesidades e intereses individuales se tengan en cuenta en las próximas clases?

Figura 6.2. Ejemplos de preguntas para fomentar la reflexión y conectar con el aprendizaje personalmente relevante (adaptado de Milne, 2023).

Conclusiones

El objetivo de este capítulo fue revisar el elemento ApR dentro del marco conceptual de la EFcS. La esencia del ApR reside en "hacer conexiones", es decir, ayudar a los estudiantes a conectar la EF con otras actividades físicas para potenciar su compromiso con el movimiento a lo largo de la vida (FLETCHER *et al.* 2021). Se han presentado algunas posibles estrategias que podrían ayudar al profesorado a potenciar este elemento, fomentando la cultura de la voz (CARDIFF *et al.*, 2023) durante las clases de EF. No fue la intención de los autores mostrar un listado cerrado de estrategias pedagógicas, sino más bien compartir algunas posibilidades de actuación que quizás puedan dar lugar a otras opciones más variadas y ampliadas. Si lo que aprendemos no es personalmente relevante, entonces quizás sea otra cosa diferente al aprendizaje... Esta idea, por tanto, no solo busca fomentar la participación, sino también garantizar que las experiencias de aprendizaje sean auténticas y transferibles a la vida cotidiana de los estudiantes.

Referencias bibliográficas

ALFREY, L. (2024). "An expansive learning approach to transforming traditional fitness testing in health and physical education: student voice, feelings and hopes". *Curriculum Studies in Health and Physical Education*, *15*(1), 24-39. https://doi.org/10.1080/2574 2981.2023.2183477

AZZARITO, L.; SOLMON, M. A., y HARRISON, L. (2006). "'...If I had a choice, I would...' A feminist poststructuralist perspective on girls in physical education". *Research Quarterly for Exercise and Sport*, *77*(2), 222-239. https://doi.org/10.1080/02701367.2006.10599356

BENI, S.; FLETCHER, T., y NÍ CHRÓINÍN, D. (2017). "Meaningful experiences in physical education and youth sport: A review of the literature". *Quest*, *69*(3), 291-312. https://doi.org/10.1080/00336297.2016.1224192

— (2019). "Using features of meaningful experiences to guide primary physical education practice". *European Physical Education Review, 25*(3), 599-615. https://doi.org/10.1177/1356336X209841

BRAGA, L.; ELLIOTT, E.; JONES, E., y BULGER, S. (2015). "Middle school students' perceptions of culturally and geographically relevant content in physical education". *International Journal of Kinesiology and Sports Science*, *3*(4), 62-73. https://doi.org/10.7575/aiac.ijkss.v.3n.4p.62

CARDIFF, G.; NÍ CHRÓINÍN, D.; BOWLES, R.; FLETCHER, T., y BENI, S. (2023). "'Just let them have a say!' Students' perspective of student voice pedagogies in primary physical educa-

tion". *Irish Educational Studies, 42*(4), 659-676. https://doi.org/10.1080/03323315.20
23.2255987

Down, M. (2023). *Personal relevance in physical education*. https://meaningfulpe.word-press.com/2023/08/15/personal-relevance-in-physical-education/

Fernández-Río, J., y Saiz-González, P. (2023). "Educación Física con Significado (EFcS). Un planteamiento de futuro para todo el alumnado". *Revista Española de Educación Física y Deportes, 437*(4), 1-9. https://doi.org/10.55166/reefd.v437i4.1129

Fletcher, T., y Ní Chróinín, D. (2022). "Pedagogical principles that support the prioritisation of meaningful experiences in physical education: conceptual and practical considerations". *Physical Education and Sport Pedagogy, 27*(5), 455-466. https://doi.org/10.1080/17408989.2021.1884672

Fletcher, T.; Chróinín, D. N.; Gleddie, D., y Beni, S. (2021). *Meaningful Physical Education: An Approach for Teaching and Learning*. Routledge. https://doi.org/10.4324/9781003035091

Garn, A. C.; Cothran, D. J., y Jenkins, J. M. (2011). "A qualitative analysis of individual interest in middle school physical education: perspectives of early-adolescents". *Physical Education and Sport Pedagogy, 16*(3), 223-236. https://doi.org/10.1080/17408989.2010.532783

Gil-Espinosa, F. J.; Nielsen-Rodríguez, A.; Romance, R., y Burgueño, R. (2022). "Smartphone applications for physical activit promotion from physical education". *Education and Information Technologies, 27*(8), 11759-11779. https://doi.org/10.1007/s10639-022-11108-2

Hattie, J., y Clarke, S. (2018). *Visible learning: feedback* (1st ed.). Routledge. https://doi.org/10.4324/9780429485480

Kretchmar, R. S. (2006). "Ten more reasons for quality physical education". *Journal of Physical Education, Recreation y Dance, 77*(9), 6-9. https://doi.org/10.1080/07303084.2006.10597932

Lambdin, D., y Erwin, H. (2007). "School wellness policy: community connections". *Journal of Physical Education, Recreation y Dance, 78*(6), 29-32. https://doi.org/10.1080/07303084.2007.10598038

Lynch, S.; Walton-Fisette, J. L., y Luguetti, C. (2021). *Pedagogies of social justice in physical education and youth sport* (1st ed.). Routledge. https://doi.org/10.4324/9781003162858

Milne, A. (2023, septiembre 29). "Teaching physical education with purpose: embracing the meaningful physical education approach". *Slow Chat Health*. https://slow-chathealth.com/2023/09/29/meaningfulpe-2/

Parker, M.; MacPhail, A.; O'Sullivan, M.; Ní Chróinín, D., y McEvoy, E. (2017). "'Drawing' conclusions: Irish primary school children's understanding of physical education and physical activity opportunities outside of school". *European Physical Education Review, 24*(4), 449-466. https://doi.org/10.1177/1356336X16683898

Van den Berghe, L.; Vansteenkiste, M.; Cardon, G.; Kirk, D., y Haerens, L. (2014). "Research on self-determination in physical education: key findings and proposals for future research". *Physical Education and Sport Pedagogy, 19*(1), 97-121. https://doi.org/10.1080/17408989.2012.732563

7

Respiro. Elemento 6 de la EFcS

Pablo Uría-Valle, Jacob Sierra-Díaz
Universidad de Oviedo

Beatriz Rodríguez-Martín
Universidad de Barcelona

Introducción

En el marco de la Educación Física con Significado (EFcS), el respiro ha emergido recientemente como una dimensión clave para enriquecer la experiencia del alumnado. Este concepto alude a la función revitalizante que puede tener la Educación Física (EF) dentro de la jornada escolar, actuando como una vía de escape física, emocional y mental frente al carácter sedentario, monótono o intensamente cognitivo de otras asignaturas (Saiz-González et al., 2025a). Lejos de concebirse como un mero descanso o pausa, el respiro implica la generación de experiencias activas y estimulantes que permiten al estudiante "desconectar para reconectar" con el entorno escolar y consigo mismo (Fletcher et al., 2021).

Este elemento fue identificado en el contexto español mediante una investigación cualitativa que exploró la vivencia del significado en EF desde la perspectiva del propio alumnado (Saiz-González et al., 2025b). Junto con la novedad y el estilo interpersonal del docente, el respiro amplía el marco inicial de seis elementos fundacionales propuestos (Kretchmar 2006; Fletcher et al. 2021), otorgando a la EFcS un carácter más contextualizado, flexible y conectado con las necesidades reales del alumnado.

Este capítulo analiza los fundamentos teóricos del respiro como elemento con significado, su anclaje empírico y presenta propuestas concretas para su implementación didáctica.

Fundamentos teóricos del Respiro como experiencia con significado

La idea de *respiro* en EF se sustenta en una concepción holística del bienestar escolar, entendido como un constructo psicológico complejo que abarca tanto el bienestar hedónico —relacionado con cómo se sienten las personas respecto a su vida (Diener y Lucas, 1999)— como el eudaimónico —referido a cómo actúan en relación con su propia vida y su desarrollo personal (Ryff y Singer, 1998).

Investigaciones y organismos internacionales han alertado del aumento del estrés académico, la fatiga mental y el malestar emocional en edades escolares (Hoare *et al.*, 2016; OMS, 2022). Además, ciertos factores individuales y contextuales pueden afectar negativamente a la experiencia del alumnado en EF. Entre ellos destacan la percepción negativa de la competencia motriz (Barnett *et al.*, 2016; Ortega-Benavent *et al.*, 2024), la falta de apoyo familiar hacia la práctica física (Rodríguez-Rodríguez *et al.*, 2022), o las limitaciones del entorno físico y ambiental, como la escasez de instalaciones o condiciones meteorológicas desfavorables (Camargo *et al.*, 2020; Gustat, 2023). Además, una percepción baja sobre la utilidad y aplicabilidad de la asignatura puede influir negativamente en la experiencia del alumnado y generar una pérdida de interés (Moreno-Murcia *et al.* 2013).

Frente a estos condicionantes, el respiro emerge como un elemento particularmente relevante por su potencial inclusivo, ya que no depende directamente de la habilidad motriz percibida ni del contexto externo, y concibe la EF desde una perspectiva más amplia: no como simple desconexión o evasión, sino como aprendizaje activo (Saiz-González *et al.*, 2025b) y, por tanto, pudiendo llegar a ser más significativo. En este escenario, la EF puede actuar como un espacio regenerador que brinde experiencias liberadoras, placenteras y emocionalmente equilibradas que contribuyan al bienestar integral del alumnado desde una perspectiva más amplia que la estrictamente motriz o deportiva (Lubans *et al.*, 2016).

Desde la Teoría de la Autodeterminación (Ryan y Deci, 2020), este tipo de vivencias pueden vincularse con la satisfacción de necesidades psicológicas básicas —autonomía, competencia y relación— al ofrecer oportunidades de elección, éxito percibido y conexión entre iguales. Asimismo, se relaciona con la necesidad emergente de novedad (GONZÁLEZ-CUTRE *et al.*, 2016), entendida como el deseo de experimentar situaciones nuevas y estimulantes. Una clase de EF que introduce propuestas variadas, participativas y centradas en el estudiante puede facilitar que el alumnado perciba un sentido de equilibrio y desconexión constructiva, frente al estatismo de otras asignaturas.

A diferencia del disfrute [*delight*] o la diversión [*fun*], el respiro [*relief*] tiene un componente restaurador. No se centra en generar un placer inmediato o una euforia momentánea, sino en ofrecer una experiencia de equilibrio físico y mental dentro de una jornada académica exigente. Estas vivencias, aunque menos espectaculares, pueden resultar clave para consolidar una participación sostenida en la actividad física, ya que generan una motivación más duradera y menos dependiente del contexto inmediato (SAIZ-GONZÁLEZ *et al.*, 2025b). Este hecho es fundamental para poder producir una verdadera adherencia a los hábitos activos y saludables, estando en consonancia con los niveles de motivación más autodeterminada (VASCONCELLOS *et al.*, 2020).

Además de estos argumentos teóricos, estudios recientes han comenzado a validar empíricamente el valor del respiro como componente con significado en EF. Un ejemplo es el estudio cuantitativo de SAIZ-GONZÁLEZ *et al.* (2025c), donde el respiro fue uno de los elementos con puntuaciones más altas. Además, mostró correlaciones con otros elementos como la diversión, la novedad y el estilo docente, lo que sugiere que su vivencia está profundamente conectada con el tipo de propuestas didácticas empleadas y el clima de aula generado. De forma específica, el alumnado —significativamente el masculino— hizo referencia explícita a las situaciones de respiro durante las clases de EF para justificar por qué su experiencia en la asignatura fue positiva.

El estudio también identificó diferencias significativas con respecto al tamaño del grupo o ratio. No obstante, la variable género se destacó como especialmente relevante, ya que desde el punto de vista pedagógico es un factor sobre el que los docentes pueden ejercer influencia directa (OLIVER y KIRK, 2015). Este hallazgo invita a plantear cuestiones importantes para la práctica docente: ¿Por qué las chicas valoran menos esta experiencia? ¿Qué características concretas tienen las actividades que generan respiro y que parecen conectar más con los chicos? Explorar estas preguntas puede ayudar a diseñar estrategias pedagógicas más inclusivas, asegurando que tanto chicos como chicas puedan beneficiarse plenamente del respiro como experiencia con significado.

¿Cómo fomentar el respiro como elemento con significado?

EL DISEÑO DE CLASES COMO PAUSA ACTIVA INTENCIONADA

El respiro queda plenamente alineado con el marco curricular vigente, al contribuir al desarrollo de la competencia orientada a adoptar un estilo de vida activo y saludable que potencie el bienestar físico, mental y social del alumnado (LOMLOE, 2022). Esta orientación curricular subraya que el alumnado debe participar en una variedad de actividades físicas que ofrezcan experiencias gratificantes y le hagan sentirse bien.

No obstante, para que el respiro tenga lugar de manera auténtica en las clases de EF, es necesario un diseño pedagógico intencionado. No basta con el mero carácter no sedentario de la asignatura: el respiro requiere una planificación cuidadosa que propicie espacios de movimiento significativos, emocionalmente seguros y conectados con las necesidades del alumnado. Algunas características clave para lograrlo incluyen:

— Actividades con transiciones fluidas y escaso tiempo de espera, o cual exige una planificación precisa de la sesión. Por ejemplo, preparar al inicio un área de juego con setas puede facilitar el desarrollo de varias tareas posteriores sin interrupciones logísticas.

— Espacios para la elección personal, como estaciones de actividad o tareas opcionales. Incluso en momentos en los que no sea posible ofrecer elección, es importante explicar y justificar al alumnado el valor de la actividad propuesta.

— Tareas que promuevan la expresión corporal libre, el juego simbólico o la exploración sensorial. Aunque una propuesta tenga un patrón motriz predominante, debe garantizarse un clima que permita experimentar, errar y expresarse sin temor al juicio, favoreciendo la seguridad emocional.

El planteamiento didáctico del respiro puede enriquecerse mediante una breve actividad metacognitiva posterior, que invite al alumnado a reflexionar sobre las sensaciones o emociones experimentadas. Esta práctica puede dotar de mayor sentido formativo a la experiencia, permitiendo establecer conexiones explícitas entre la práctica física y el bienestar. Asimismo, ofrece al docente información útil para valorar la significatividad de la propuesta y ajustar futuras intervenciones a las necesidades detectadas (BJØRKE y QUENNERSTEDT, 2024).

Cuidar el clima emocional de la clase

El respiro emerge en entornos donde el alumnado se sienta aceptado, valorado y libre de juicio. Para ello, el estilo interpersonal del docente es fundamental (Burgueño et al., 2024). Un estilo empático, que apoye la autonomía, favorezca formas de motivación más autodeterminadas y evite la presión, facilita la aparición de estados emocionales positivos y una vivencia placentera de la clase. Prácticas como el feedback positivo, la valoración del esfuerzo o la regulación de la exigencia según el estado emocional del grupo son clave para este propósito (Moreno-Murcia et al. 2013).

En este sentido, conocer la dinámica social del grupo desde el inicio puede ser de gran ayuda. Herramientas como el sociograma permiten detectar posibles situaciones de aislamiento o conflicto entre compañeros (Pérez-Torralba y Sierra-Díaz, 2024), y contribuyen a generar un entorno emocionalmente seguro. Además, el profesorado debe estar preparado para intervenir de forma constructiva ante tensiones grupales, favoreciendo la cohesión y el respeto mutuo.

Integrar pausas de atención plena y conciencia corporal

Otra forma de favorecer el respiro es incluir pequeñas pausas dentro de la propia sesión de EF que ayuden a recentrar la atención y aumentar la conciencia corporal. Momentos de reflexión, ejercicios de respiración profunda o secuencias de movimientos suaves pueden integrarse fácilmente al inicio o final de la clase para favorecer esta experiencia (Harvey y Light, 2015; LOMLOE, 2022; Ortega-Pérez et al., 2023). Esto estaría en consonancia con la estructura clásica de una sesión (activación o calentamiento, parte principal y vuelta a la calma).

Incluir actividades con propósito de bienestar

Relacionado con el punto anterior, el respiro también puede promoverse mediante tareas que reduzcan el ritmo competitivo o de alta intensidad. Actividades como caminatas reflexivas, juegos cooperativos tranquilos, secuencias de yoga o danzas libres pueden ofrecer al alumnado una vivencia de calma activa, más allá de la mejora técnica (Van Doren et al., 2023). En este tipo de propuestas, el éxito no se mide por el rendimiento, sino por el bienestar percibido (Pellicer, 2011). Esto implica repensar ciertas dinámicas clásicas de la EF escolar. Juegos basados en la competición o el enfrentamiento directo —como "atrapa la bandera", o las carreras por relevos—

pueden ir dando paso progresivamente a propuestas centradas en la cooperación, la expresión individual o el descubrimiento personal de las propias habilidades.

Este tipo de estrategias pueden ser especialmente útiles de integrar en momentos del curso más cargados académicamente o tras jornadas escolares intensas, ofreciendo una contribución singular al equilibrio emocional del alumnado. En definitiva, el docente tiene un papel clave a la hora de diseñar propuestas que favorezcan experiencias con significado. Para avanzar hacia una EFcS, es recomendable adoptar una lógica progresiva: comenzar por pequeños ajustes —como introducir pausas de hidratación o tiempos de respiro conscientes— y evolucionar hacia intervenciones más complejas, como la observación de dinámicas sociales o la personalización de tareas según las necesidades individuales del alumnado.

Reflexión final

El respiro, como elemento emergente de la EFcS, ofrece una oportunidad educativa de gran relevancia para repensar el papel de la EF más allá de sus beneficios físicos. Su valor reside en su capacidad para equilibrar las exigencias cognitivas del sistema educativo, ofreciendo un espacio donde el cuerpo se exprese, las emociones se canalicen y la mente se recupere. No se trata de convertir la clase en un "recreo prolongado", sino de asumir que la vivencia positiva, equilibrada y reconfortante de la actividad física también es formativa.

Integrar el respiro implica diseñar clases intencionadamente más humanas: que acojan, liberen y reconecten. Este elemento no pretende sustituir a otros aspectos contemplados en este libro sobre la práctica habitual del docente, sino que los complementa. Puede ser un puente para aquellos estudiantes menos vinculados con la actividad física tradicional, o un sostén para quienes necesitan conservar su motivación a largo plazo.

En definitiva, incorporar el respiro en la programación docente puede enriquecer la vivencia del alumnado y favorecer una EF más inclusiva, centrada en una propuesta formativa ajustada a las necesidades físicas y emocionales de niños y adolescentes en la actualidad.

Bibliografía

Barnett, L. M.; Lai, S. K.; Veldman, S. L. C.; Hardy, L. L.; Cliff, D. P.; Morgan, P. J.; Zask, A.; Lubans, D. R.; Shultz, S. P.; Ridgers, N. D.; Rush, E.; Brown, H. L., y Okely, A. D. (2016). "Correlates of Gross Motor Competence in Children and Adolescents: A Systematic Review and Meta-Analysis". *Sports medicine (Auckland, N.Z.)*, *46*(11), 1663-1688. https://doi.org/10.1007/s40279-016-0495-z

Burgueño, R.; Abós, Á.; Sevil-Serrano, J.; Haerens, L.; De Cocker, K., y García-González, L. (2024). "A circumplex approach to (de) motivating styles in physical education: Situations-in-school-physical education questionnaire in Spanish students, pre-service, and in-service teachers". *Measurement in physical education and exercise science*, *28*(1), 86-108. https://doi.org/10.1080/1091367X.2023.2248098

Camargo, D.; Ramírez Muñoz, P. C.; Quiroga Arciniegas, V.; Anaya Duarte, L. F.; Salamanca Coy, G. P., y Usuga Mendoza, N. (2020). "¿Las características de los parques promueven un uso diferente por género en niños y adolescentes?". *Ciencia e Innovación en Salud, 88*(1), 286-299. https://doi.org/10.17081/innosa.88

Casey, A.; Goodyear, V. A., y Armour, K. M. (2021). *Meaningful Physical Education: An Approach for Teaching and Learning*. Routledge.

Diener, E., y Lucas, R. E. (1999). "Personality and Subjective Wellbeing". En *Well-Being: Foundations of Hedonic Psychology*. Russell Sage Foundation.

Dobbins, M.; Husson, H.; DeCorby, K., y LaRocca, R. L. (2013). "School-based physical activity programs for promoting physical activity and fitness in children and adolescents aged 6 to 18". *The Cochrane database of systematic reviews*, *2013*(2), CD007651. https://doi.org/10.1002/14651858.CD007651.pub2

Fernández-Río, J., y Saiz-González, P. (2023). "Educación Física con Significado (EFcS). Un planteamiento de futuro para todo el alumnado". *Revista Española De Educación Física Y Deportes*, *437*(4), 1-9. https://doi.org/10.55166/reefd.v437i4.1129

Fletcher, T.; Ni Chróinín, D.; Gleddie, D., y Beni, S. (2021). *Meaningful Physical Education. An Approach for Teaching and Learning.* Routledge.

González-Cutre, D.; Sicilia, Á.; Sierra, A. C.; Ferriz, R., y Hagger, M. S. (2016). "Understanding the need for novelty from the perspective of self-determination theory". *Personality and Individual Differences, 102*(1), 159-169. https://doi.org/10.1016/j.paid.2016.06.036

Gustat, J. (2023). "Association of playground "playability" with physical activity and energy expenditure". *Preventing Chronic Disease*, *20*. https://doi.org/10.5888/pcd20.220247

Harvey, S., y Light, R. L. (2015). "Questioning for learning in game-based approaches to teaching and coaching". *Asia-Pacific Journal of Health, Sport and Physical Education*, *6*(2), 175-190.

Hoare, E.; Milton, K.; Foster, C., y Allender, S. (2016). "The associations between sedentary behaviour and mental health among adolescents: a systematic review". *International Journal of Behavioral Nutrition and Physical Activity*, *13*(1), 1-22.

Kretchmar, R. S. (2006). "Ten more reasons for quality physical education". *Journal of Physical Education, Recreation y Dance, 77*(9), 6-9. https://doi.org/10.1080/07303084.2006.10597929

Lubans, D.; Richards, J.; Hillman, C.; Faulkner, G.; Beauchamp, M.; Nilsson, M., y Biddle, S. (2016). "Physical activity for cognitive and mental health in youth: a systematic review of mechanisms". *Pediatrics, 138*(3).

Marengo, L.; Núñez, L. H.; Coutinho, T. V.; Leite, G. R., y Rivero, T. S. (2015). "Gamer o adicto? Revisión narrativa de los aspectos psicológicos de la adicción a los videojuegos". *Neuropsicología Latinoamericana, 7*(3), 1-12.

Moreno-Murcia, J. A.; Zomeño Álvarez, T.; Marín López, I.; Ruiz Pérez, L. M., y Cervelló Gimeno, E. (2013). "Percepción de la utilidad e importancia de la educación física según la motivación generada por el docente". *Revista de Educación, 362*, 380-401. https://doi.org/10.4438/1988-592X-RE-2013-362-226

Oliver, K. L., y Kirk, D. (2015). *Girls, gender and physical education: An activist approach.* Routledge.

OMS (2022). "Global status report on physical activity 2022". *World Health Organization.* https://iris.who.int/bitstream/handle/10665/363607/9789240059153-eng.pdf?sequence=1

Ortega-Benavent, N.; Menescardi, C.; Cárcamo-Oyarzún, J., y Estevan, I. (2024). "¿La percepción de competencia y alfabetización motriz median la relación entre la competencia motriz y la práctica de actividad física?". *Revista de Psicodidáctica, 29*(2), 158-165. https://doi.org/10.1016/j.psicod.2024.02.001

Ortega-Pérez, M.; Rodríguez-Rodríguez, L. E., y Mercadet-Portillo, O. E. (2023). "El aprendizaje de las técnicas de respiración en la enseñanza-aprendizaje de la Educación Física". *Educación y sociedad, 21*(0), 135-154.

Pérez-Torralba, A., y Sierra-Díaz, M. J. (2024). "Detección de alumnado aislado en las clases de Educación Física y cómo reducir estas situaciones: una propuesta didáctica basada en la evidencia científica". En N. Aurelio-Luengo (coord.), *Aportes didáctico-metodológicos para una Educación Física de calidad* (pp. 80-103). Servicio de publicaciones de la Universidad Fasta.

Pellicer, I. (2011). *Educación Física Emocional.* INDE.

Real Decreto 157/2022, de 1 de marzo, por el que se establecen la ordenación y las enseñanzas mínimas de la Educación Primaria. Boletín Oficial del Estado, núm. 52, de 2 de marzo de 2022, pp. 32681-32838. Recuperado de https://www.boe.es/buscar/pdf/2022/BOE-A-2022-3296-consolidado.pdf

Rodríguez-Rodríguez, F.; Huertas-Delgado, F. J.; Sevil-Serrano, J.; Barranco-Ruiz, Y.; Aranda-Balboa, M. J., y Chillón, P. (2022). "P08-15 More active parents, more active children: Association between mode of commuting and physical activity". *European Journal of Public Health, 32*(Supplement_2), ckac095.128. https://doi.org/10.1093/eurpub/ckac095.128

Ryff, C. D., y Singer, B. (1998). "The contours of positive human health". *Psychological Inquiry, 9*(1), 1-28. https://doi.org/10.1207/s15327965pli0901_1

Saiz-González, P.; De la Fuente-González, S.; Uría-Valle, P., y Sierra-Díaz, J. (2025a). "¿Hacia un Enfoque Inclusivo? Una Mirada Crítica a los Discursos que Definen el Currículo de Educación Física en España". *Revista Española De Educación Física Y Deportes*, *439*(1), 137-146. https://doi.org/10.55166/reefd.v439i1.4445

Saiz-González, P.; Sierra-Díaz, J.; Iglesias, D., y Fernández-Río, J. (2025). "Chasing meaningfulness in Spanish physical education: Old and new features". *Journal of Teaching in Physical Education, 45* (1)*, 217-225. https://doi.org/10.1123/jtpe.2024-0206

Saiz-González, P.; Uría-Valle, P.; Sierra-Díaz, J., y Fernández-Río, J. (2025c). "Quantitative insights into meaningful physical education in Spain: students' perceptions across gender and grade levels". *Physical Education and Sport Pedagogy*, 1-19. https://doi.org/10.1080/17408989.2025.2506474

Van Doren, N.; De Cocker, K.; Flamant, N.; Compernolle, S.; Vanderlinde, R., y Haerens, L. (2023). "Observing physical education teachers' need-supportive and need-thwarting styles using a circumplex approach: how does it relate to student outcomes?". *Physical Education and Sport Pedagogy*, 1-25. https://doi.org/10.1080/17408989.2023.2230256

Vasconcellos, D.; Parker, P. D.; Hilland, T.; Cinelli, R.; Owen, K. B.; Kapsal, N., y Lonsdale, C. (2020). "Self-determination theory applied to physical education: A systematic review and meta-analysis". *Journal of educational psychology*, *112*(7), 1444-1469.

Competencia motriz. Elemento 7 de la EFcS

Noelia Belando, David Díaz-Tejerina, Jorge Lafuente
Universidad de Oviedo

Igor Conde-Cortabitarte
Consejería de Educación de Cantabria

Competencia Motriz en Educación Física

La competencia motriz es fundamental para el desarrollo integral del alumnado, su salud y su capacidad para participar activamente en la sociedad y está recogida en todos los currículos educativos actuales que componen el sistema educativo español. En cada etapa educativa se promueve su enseñanza y evaluación, aunque existen desafíos como la diversidad de habilidades motoras o la falta de recursos.

En el marco de la educación formal en la etapa primaria, el desarrollo de la competencia motriz es esencial para establecer las bases de la adquisición de las capacidades perceptivo-motrices en pro de una vida activa a nivel físico y cognitivo. La competencia motriz es uno de los ejes centrales en la creación de experiencias con significado en el aula de Educación Física, incluyendo habilidades como la coordinación, el equilibrio y la agilidad, que son fundamentales para que los estudiantes se sientan competentes y disfruten de la actividad física dentro y fuera del contexto escolar.

La Teoría de la Autodeterminación (en adelante TAD) de Ryan y Deci (2000) se centra en tres necesidades psicológicas básicas (en adelante NPB): autonomía, competencia y relación con los demás. Estas necesidades son esenciales para generar un grado de motivación más autodeterminado (motivación intrínseca o autónoma) y percepción de bienestar general en el alumnado. En el contexto de la Educación Física con Significado (en adelante EFcS) (Beni *et al.*, 2017), las experiencias con significado en la Educación Física y el deporte juvenil están alineadas con dichas necesidades:

— Autonomía (NPB). *Estilo Interpersonal Docente (EFcS)*: los estudiantes deben sentir que tienen control sobre sus actividades físicas, lo que fomenta la motivación intrínseca.
— Competencia (NPB). *Competencia motriz (EFcS)*: la percepción de ser competente a nivel físico y motriz en actividades físicas es crucial para que los estudiantes se sientan motivados y disfruten de la Educación Física.
— Relación (NPB). *Interacción Social Positiva (EFcS)*: las interacciones sociales positivas y el sentido de pertenencia al grupo de iguales en el entorno deportivo, son fundamentales para la valorar las experiencias motrices como "positivas" (con significado).

Así, como se destaca en la revisión sistemática de Beni *et al.* (2017), en el libro de Fletcher *et al.* (2021) o en el reciente estudio en el contexto español de Saiz-González *et al.* (2025), la competencia motriz es un elemento clave a la hora de promover experiencias con significado en las clases de Educación Física. Además, la Teoría del Modelo Transcontextual de la Motivación desarrollado por Hagger y Chatzisarantis (2007) sugiere que la motivación autodeterminada en un contexto (por ejemplo, la Educación Física) puede transferirse a otros contextos (por ejemplo, la actividad física en el tiempo libre, en el tiempo en familia, tiempo con amigos, ...). Por todo ello, satisfacer la percepción de competencia motriz podría no solo ser efectivo para favorecer experiencias con significado y aumentar la motivación durante las clases de la asignatura, sino que podría contribuir a aumentar su motivación en otros contextos de movimiento.

Propuesta práctica para promover la autoconfianza y la motivación en el desarrollo de la competencia motriz en el alumnado

Se describen algunas estrategias pedagógicas a tener en cuenta para promover la satisfacción de la percepción de competencia motriz. Estas se fundamentan en el diseño de tareas variadas, en la utilización de tareas ajustadas a la competencia motriz, lograr un óptimo clima emocional, implicar a la práctica por igual, reconocer el esfuerzo, valorar el comportamiento autónomo de los practicantes y generar responsabilidad por igual. Se trataría de que el docente priorice la superación personal, el esfuerzo, el apoyo social y el disfrute (RYAN y DECI, 2000) para conseguir practicantes más autodeterminados en la motivación, con mayor autoconfianza y más satisfechos con sus vidas. Con el propósito de analizar los temas clave del enfoque innovador y de aplicación de la EFcS, en el reciente estudio de revisión sistemática de STRITTMATER *et al.* (2025), se exponen tres temáticas que favorecen este enfoque pedagógico: la disposición de maestros y docentes a implementar en sus clases las técnicas de la EFcS, la importancia de la percepción de autonomía y valoración de la opinión de los estudiantes y la formación de los docentes en técnicas de enseñanza contemporáneas.

Tabla 8.1. Estrategias centradas en la logística de la sesión (planificación y programación de objetivos y agrupaciones)

Establecer objetivos a corto plazo y adaptados al nivel del practicante	
Descriptores operativos de la estrategia	**Aplicación práctica de la estrategia**
Es fundamental que el alumnado perciba que va logrando objetivos	Proponemos un circuito de coordinación dinámica general en Educación Física. Dicho circuito podría tener diferentes niveles de dificultad física y de resolución de problemas. Se puede dar la oportunidad de varios intentos para superarlo, para modificar la situación o para guiar a través de pistas verbales, etc.
Para ello es necesario individualizar las actividades, en la medida de lo posible	
Desarrollar la actividad desde lo más global y sencillo a lo más específico y complejo	

Explicar los objetivos de cada actividad con concisión y en un lenguaje que todos lo comprendan	
Descriptores operativos de la estrategia	**Aplicación práctica de la estrategia**
Es necesario que el practicante sepa por qué y para qué tiene que hacer la tarea que le proponen.	Objetivo en una sesión de expresión corporal en secundaria sobre el ritmo, "hoy lo más importante de la sesión es dejarnos llevar por la magia de la música, sin represiones y con total libertad de disfrutar la melodía".
Si no sabe por qué actúa, sentirá que el docente le ha impuesto una decisión porque le ha dado la gana y por lo tanto su sensación de autonomía caerá en picado.	
Con la explicación del objetivo podemos enganchar y motivar al practicante para que necesite experimentar lo que se siente con la actividad.	

Organizar las agrupaciones para la resolución de las tareas/juegos de forma equitativa en cuanto al sexo e inclusiva en cuanto al nivel de competencia motriz de los escolares	
Descriptores operativos de la estrategia	**Aplicación práctica de la estrategia**
Las situaciones de elección de grupos en las que los compañeros menos hábiles son escogidos en último lugar, refuerzan su sentimiento de incompetencia.	En una sesión de "ritmo corporal" se puede comenzar la práctica con una distribución individual para que cada practicante experimente con "el ritmo propio", más adelante, promover agrupaciones que permitan alcanzar un objetivo común (experiencia cooperativa), agrupaciones atendiendo al dominio sobre el control corporal, etc.
Establecer grupos por competencia y dominio de la habilidad a trabajar.	
Ir modificando el alumnado de cada grupo para que todos/as compartan con todos/as y se ayuden mutuamente (cooperación con tolerancia hacia el nivel de destreza motriz del otro/a).	

Proporcionar al practicante suficiente tiempo para realizar las tareas

---

Descriptores operativos de la estrategia	**Aplicación práctica de la estrategia**
Que al alumnado le dé tiempo de desarrollar sus capacidades, de divertirse y de conseguir, al menos una vez, el éxito en la práctica.	La sesión de bailes latinos durará unos 50 minutos con los descansos necesarios (5 minutos) para que, de tiempo a memorizar los pasos, a coger el ritmo y adaptarnos a la pareja.
Conocer las características cognitivas (dominio conceptual de la habilidad), motrices (aptitudes para la habilidad) de los practicantes para ajustar el tiempo de práctica.	
Consensuar con los estudiantes el tiempo de práctica y las condiciones mentales y físicas de ese momento para afrontar la sesión.	

Tabla 8.2. Estrategias centradas en el apoyo verbal al progreso del practicante (feedback)

Suministrar un feedback positivo

Descriptores operativos de la estrategia	**Aplicación práctica de la estrategia**
Es importante hacerle ver al alumnado todo lo que hace bien e incidir en el progreso personal y no en el resultado. De este modo percibirá que va consiguiendo poco a poco objetivos y se sentirá eficaz.	Utilizar expresiones como: "eso es", "muy bien", "creo ciertamente que sois capaces de conseguirlo", "lo intentaremos las veces que haga falta, pero sobre todo disfrutar del momento", "esa es la actitud".
Es conveniente que el estudiante se de cuenta de lo que hace bien, corregirle lo que hace mal y darle ánimos para volver a intentarlo.	
El docente debe mostrarse positivo, con una sonrisa y transmitir esto con palabras.	

Incidir en la importancia del esfuerzo y la superación personal

---

Descriptores operativos de la estrategia	**Aplicación práctica de la estrategia**
Para que el estudiante se sienta competente y lleve a cabo la intención de ponerse en marcha.	Práctica de actividades de lucha, donde los alumnos deban enfrentarse al compañero para tirarlo al suelo, pero a su vez deben saludarse antes y después del combate para mostrar respeto y responsabilizarse del cuerpo del otro de tal manera que, si alguno se hace daño, los dos pierden.
Combinar la utilización de juegos y actividades cooperativas, competitivas, exigentes, divertidas y atrayentes.	
Ganar la atención del alumnado con un discurso atrayente y una buena disposición hacia el trato con éste para que se sienta válido en la práctica y sienta que con dedicación y empeño se consigue el objetivo.	

Evitar el uso excesivo de las recompensas externas

Descriptores operativos de la estrategia	**Aplicación práctica de la estrategia**
Se debe evitar que el alumnado participe exclusivamente por obtener una recompensa.	La recompensa no debe focalizarse siempre en algo externo, sino hacer ver al alum-

Solo se deberían utilizar como un recurso instrumental en un momento dado.

Del mismo modo, hay que evitar que los alumnos y alumnas siempre necesiten el feedback del docente. Hay que evitar generar dependencia.

nado que sentirse bien consigo mismo y disfrutar de la práctica en compañía, puede ser la mejor de las recompensas (regulación intrínseca del comportamiento). Mensaje que el docente podría dar al grupo: "la mejor recompensa, sentirse bien consigo mismo y con los demás por el trabajo bien hecho". En una actividad de condición física el observar cómo mejoran su resistencia comparando pre y post, tras varias sesiones, puede ser más motivador que recompensar a los que hagan un número determinado de kilómetros en una prueba.

Tabla 8.3. Estrategias centradas en el clima motivacional más autodeterminado y bajo las premisas de la satisfacción de las necesidades psicológicas básicas

Tener en cuenta la importancia motivacional de cada sesión	
Descriptores operativos de la estrategia	**Aplicación práctica de la estrategia**
Como se indicaba anteriormente en el modelo jerárquico de la motivación intrínseca y extrínseca, la motivación situacional influye en la contextual y ésta en la global. Por ello, es importante que se trate de fomentar la motivación de los estudiantes en todas y cada una de las sesiones que se trabajen.	Por ejemplo, para aquellos estudiantes que les interesen más los videojuegos que la actividad física, se pueden hacer sesiones relacionadas con sus videojuegos favoritos.
Resulta conveniente tratar de involucrarse día a día en el diseño de sesiones motivantes, reflexionando acerca de qué actividades son las más apropiadas para despertar el interés por la práctica y las ganas de adherirse a la misma en los participantes.	

Dar posibilidad de elección y fomentar la participación en el proceso de toma de decisiones	
Descriptores operativos de la estrategia	**Aplicación práctica de la estrategia**
El docente no debe imponer todo sino consensuar determinadas decisiones con los estudiantes.	Para una sesión de patinaje, se invita a los alumnos y alumnas que propongan ejercicios de habilidad, que compartan experiencias con el grupo, o que elijan las formas de agrupamiento.
En este sentido se puede permitir elegir entre diferentes actividades que tengan un mismo objetivo, permitir elegir contenidos, formas de trabajar, niveles de dificultad, formas de evaluar, utilizar estilos de enseñanza participativos como la enseñanza recíproca o la microenseñanza.	
Se busca ceder progresivamente autonomía al alumnado, pero siempre marcando unos límites y no permitiendo decisiones totalmente libres.	

Fomentar la interacción grupal (relación con los iguales)	
Descriptores operativos de la estrategia	**Aplicación práctica de la estrategia**
Para incrementar la percepción de relación con los demás resulta conveniente plantear actividades de aprendizaje coo	En una sesión de expresión corporal. El docente debe interesarse por los senti

perativo, utilizar estilos de enseñanza socializadores (sobre todo cuando un grupo no se conoce), plantear problemas para resolver de forma conjunta y poner en común ideas.

La relación del docente con su alumnado debe ser cálida, afectuosa, mostrarse cercano y empático.

En este sentido, la inteligencia emocional del docente/entrenador juega un papel importante y se puede entrenar aplicando varias de las estrategias que se describen.

mientos de los estudiantes durante la sesión: "cómo venimos hoy, quiero ver ganas de disfrutar". "Me encanta veros animados, así que hoy vamos a bailar en grupo y a disfrutar unos de los otros".

Diseñar tareas variadas y novedosas	
Descriptores operativos de la estrategia	**Aplicación práctica de la estrategia**
Para mejorar la motivación del estudiante hay que ser creativo, evitando la monotonía	En una salida complementaria el docente puede hacer juegos (yincanas, carreras en la arena, juegos deportivos, bailes, deportes de agua) en la playa como medio novedoso y motivante. También se le puede pedir al alumnado que proponga actividades, ya que muchas veces encuentran actividades muy novedosas y motivantes.
Presentar distintas formas de ejecución de las tareas y que el estudiante elija la que crea desarrollar con más autoeficacia	
Las actividades deben suponer un reto personal.	

Tabla 8.4. Estrategias centradas en la estimulación de la autoconfianza, las cogniciones positivas y la competencia emocional

Reconocer el progreso individual	
Descriptores operativos de la estrategia	**Aplicación práctica de la estrategia**
Como se ha indicado con anterioridad es necesario centrarse en aspectos de superación personal y asegurar a todos los estudiantes las mismas oportunidades para la obtención de recompensas, evitando los favoritismos y el reconocimiento desigual.	Predisponer positivamente al alumnado para la práctica de ejercicio físico saludable: "¡Venga, vamos arriba!" "¡así me gusta, gente cañera y con ganas de más!".
Todos los estudiantes deben sentir que tiene un rol importante.	
Proporcionar feedback positivo y afectivo a todos por igual.	

Realizar una evaluación individualizada y significativa	
Descriptores operativos de la estrategia	**Aplicación práctica de la estrategia**
Es importante que la evaluación del aprendizaje, el seguimiento sobre la mejora de las habilidades motrices y físico-deportivas sea haga de forma individualizada (a nivel cuantitativo [calificación numérica o nominal] y a nivel cualitativo [observacional].	Conseguir mejor comunicación entre compañeros en el juego. "Yo estoy convencido de que, con el esfuerzo y la constancia de todos, seremos mejores".
El docente debe evitar comparar el progreso motriz entre estudiantes.	
Evitar que el alumnado se sienta avergonzado delante de sus compañeros en caso de no haber hecho algo bien.	

Cogniciones positivas sobre la capacidad de mejora de las habilidades motrices y la resolución de las tareas/juegos motrices en el practicante

Descriptores operativos de la estrategia	Aplicación práctica de la estrategia
Es necesario resaltar durante la información inicial, el feedback y las reflexiones finales que siempre se puede mejorar.	Tras una derrota en un juego de equipo de deportes colectivos, el docente podría intervenir de la siguiente manera: "somos conscientes de que no teníamos la actitud mental y corporal adecuada para ganar el partido; y de que hemos cometido errores técnicos y tácticos, pero nosotros podremos con ello".
Animar al alumnado hacia el esfuerzo y la implicación en lo que realizan.	
Establecer lemas para motivar hacia la mejora de una habilidad deportiva día a día.	

Desarrollar la competencia emocional. Importancia del clima de práctica

Descriptores operativos de la estrategia	Aplicación práctica de la estrategia
El docente debe mostrarse con buen humor, implicado en lo que hace para transmitir un clima positivo y hacia la mejora del aprendizaje con entusiasmo y dedicación.	Proporcionar mensajes positivos y de confianza en la mejora de la habilidad a través de la práctica ("no te compares con María porque mete más o menos goles. Tú intenta mejorar tu remate. Esfuérzate cuanto puedas y conseguirás lo que te propongas").
Se debería felicitar y mostrar gratitud a los estudiantes que llegan con puntualidad y que muestran atención.	
Incentivar la constancia, esfuerzo y competencia de los practicantes.	

Tabla 8.5. Estrategias centradas en generar un clima de confianza y de cohesión grupal

Evitar las presiones sociales en el grupo de clase o equipo deportivo

Descriptores operativos de la estrategia	Aplicación práctica de la estrategia
Las presiones sociales, el castigo y el feedback negativo pueden eliminar el deseo de participación.	En una sesión de baloncesto hay un alumno que insulta y se burla de los errores de los compañeros. Está generando pensamientos de pesimismo y falta de motivación en los compañeros. El docente tras advertirle repetidas veces de su indisciplinado comportamiento, e incluso de hablar en privado con él, éste incide en dicho comportamiento y el docente decide invitarle a que abandone la actividad y reconducir la motivación del grupo con palabras de ánimo y restando importancia a la situación negativa.
El castigo se podría emplear exclusivamente para "frenar" un comportamiento disruptivo de un alumno o alumna, que no cesa y que está perjudicando a la correcta dinámica de grupo.	
Proporcionar situaciones de reflexión tras el desarrollo de una tarea/juego motriz que ayude a los estudiantes a detectar los "puntos fuertes" a nivel de habilidad motriz y de toma de decisiones de cada compañero/a, o de los integrantes del equipo en el contexto físico-deportivo.	

Fomentar la cesión de responsabilidad y la cooperación

Descriptores operativos de la estrategia	Aplicación práctica de la estrategia
Utilizar estrategias que fomenten las metas de relación social y responsabilidad personal y social en los estudiantes.	En una sesión de Educación Física (actividades en el medio natural: ruta senderista y acampada en el monte) el docente podrá dar la oportunidad a los estudiantes para formar grupos en los que reflexionen en común las normas de convivencia y cuidado del medio natural. Además, intentarán ayudarse para atravesar zonas de cierta dificultad física.
Utilizar estilos de enseñanza socializadores (debates, lluvias de ideas, reflexiones grupales, etc.)	
Favorecer la ayuda entre compañeros.	

En conclusión

Las actuaciones de los profesionales de Educación Física pueden ser decisivas para mejorar la competencia motriz percibida y la competencia motriz real demostrada, y que éste se comprometa con la práctica físico-deportiva a lo largo de toda su vida, jugando también un papel destacado, los padres y los iguales. Es importante, que el docente se reúna con los padres dándoles una serie de orientaciones para desarrollar una motivación más autodeterminada hacia la práctica físico-deportiva de sus hijos/as (por ejemplo, que permitan a sus hijos/as elegir el deporte que quieren practicar, que les pregunten qué tal les ha ido la clase de Educación Física o la sesión de escalada en rocódromo (en actividades deportivas extraescolares), que les vayan a ver competir, que les refuercen positivamente su implicación en la mejora técnico-táctica de su equipo, que incidan en aspectos de superación personal, esfuerzo, cooperación, diversión, etc.).

Referencias

Beni, S.; Fletcher, T., y Ní Chróinín, D. (2017). *Meaningful experiences in physical education and youth sport: A review of the literature. Quest, 69*(3), 291-312. https://doi.org/10.1080/00336297.2016.1224192

Fletcher, T.; Chróinín, D. N.; Gleddie, D., y Beni, S. (2021). *Meaningful Physical Education: An Approach for Teaching and Learning*. Routledge.

Hagger, M. S., y Chatzisarantis, N. L. (2007). *Intrinsic motivation and self-determination in exercise and sport*. Human Kinetics.

Ryan, R., y Deci, E. L. (2000). "La Teoría de la Autodeterminación y la Facilitación de la Motivación Intrínseca, el Desarrollo Social, y el Bienestar". *American psychologist, 55*(1), 68-78.

Saiz-González, P.; Sierra-Díaz, J.; Iglesias, D., y Fernández-Río, J. (2025). "Chasing meaningfulness in Spanish physical education: Old and new features". *Journal of Teaching in Physical Education, 45* (1)*, 217-225. https://doi.org/10.1123/jtpe.2024-0206

Strittmater, G.; Fletcher, T., y Richards, K. A. (2025). "The Meaningful Physical Education Approach: A Scoping Review". *Kinesiology Review, 14*(3), 340-356. https://doi.org/10.1123/kr.2024-0061

Desafío Justo.
Elemento 8 de la EFcS

Sergio Diloy-Peña
Universidad Pública de Navarra

Rafael Burgueño
Universidad de Málaga

Una aproximación teórica al concepto de desafío justo

En el marco teórico de la EFcS, Beni et al. (2017), tras revisar la literatura de los últimos 30 años, identificaron el desafío justo como una de las características comunes que contribuyen a las experiencias con significado del alumnado en las clases de educación física. Beni et al. (2017) explican que un desafío justo se refiere a cuando el alumnado realiza actividades que no son ni muy fáciles ni muy difíciles, con opciones para elegir y ajustar el nivel de dificultad según sus capacidades. Los desafíos que se identifican como personalmente con significado se asocian con una sensación de logro personal al observar los resultados y las razones para intentarlo (Gillison et al., 2012). Es necesario señalar también como el uso de la competición (ya sea con uno mismo o con otros/as) puede ser un factor determinante en la percepción del alumnado sobre el nivel de desafío de la tarea (Aggerholm et al., 2018). Finalmente, el ajuste del nivel del desafío en las clases de educación física afecta al proceso motivacional del alumnado, mientras cierto alumnado necesita un nivel de desafío mayor para disfrutar, otro tipo de alumnado se aburre si el nivel del desafío no es el adecuado (Dismore y Bailey, 2011).

Aproximándonos hacia el concepto de desafío justo, Senninger (2000) propone un modelo de zonas de aprendizaje que describe estados psicológicos asociados con el proceso de adquisición de conocimientos. Este modelo parte de la premisa de que la disposición y la capacidad de todo estudiante para aprender y desarrollarse se encuentran directamente influenciadas por el nivel de desafío percibido en una situación específica. Senninger (2000) diferencia tres zonas principales de aprendizaje: a) zona de confort, b) zona de desafío y, c) la zona de pánico. Así pues, la comprensión de cada una de estas zonas resulta crucial para que el profesorado no sólo diseñe situaciones de aprendizaje efectivas, sino también promueva el aprendizaje con significado entre el alumnado en las clases de educación física.

La primera zona de aprendizaje es la **zona de confort**, que se traduce en seguridad, pero sin aprendizaje con significado. De acuerdo con Senninger (2000), esta zona constituye un estado psicológico en el cual el estudiante siente seguridad, familiarización y autocontrol con el desafío presentado. En esta zona, tanto las actividades son predecibles, rutinarias y no presentan un nivel significativo de complejidad o incertidumbre. En otras palabras, el estudiante ya tiene las habilidades y conocimientos necesarios para superar el desafío sin esforzarse por aprender algo nuevo. Senninger (2000) detalla los rasgos más característicos para esta zona de aprendizaje. La primera característica sería la *sensación de seguridad*, donde el estudiante se siente cómodo y evita experimentar sustanciales niveles de ansiedad o estrés. El segundo rasgo sería el *bajo nivel de reto*, donde el estudiante percibe las actividades y las situaciones de aprendizaje como fáciles y le requieren un escaso nivel de implicación (White *et al.*, 2021). La tercera característica sería el *mantenimiento del statu quo*, en el que el estudiante tiende a repetir patrones de movimiento ya aprendidos, además de evitar experimentar sensaciones de novedad y de incertidumbre. El cuarto rasgo se refiere a un *aprendizaje limitado*, ya que la falta de desafío reduce tanto la comprensión profunda como la adquisición de nuevas habilidades por parte del alumnado. Finalmente, la última característica señalaría los posibles *riesgos a largo plazo*, si un estudiante permanece demasiado tiempo en esta zona, puede aumentar su desmotivación, disminuir su participación y dificultar su adaptación a futuros desafíos.

La segunda zona de aprendizaje es la **zona de desafío** que representa el equilibrio ideal para el aprendizaje. Según Senninger (2000), la zona de desafío es un estado psicológico en el cual los estudiantes enfrentan actividades lo bastante difíciles como para exigir un esfuerzo y la aplicación de nuevas habilidades por parte del alumnado. En esta zona, el desafío es lo suficientemente exigente como para propiciar el aprendizaje del estudiante, pero no tan demandante como para provocar una ansiedad que le paralice.

Para esta zona de aprendizaje, SENNINGER (2000) esboza una serie de elementos característicos, entre los que destacaría el **nivel óptimo de desafío**, donde el estudiante percibe las actividades como alcanzables con dedicación, esfuerzo y trabajo duro. La segunda característica sería la **adquisición de nuevas habilidades**, donde el estudiante necesita aprender nuevas estrategias, desarrollar nuevas destrezas y ampliar los conocimientos previos para superar con éxito el reto en cuestión. El tercer elemento característico haría mención a la estrategia de **ensayo y error**, donde el estudiante necesita probar y experimentar nuevos caminos y formas de resolver la actividad, cometiendo errores y aprendiendo de ellos para superarlo con éxito. El cuarto rasgo aludiría a la **motivación**, un desafío óptimo aumenta la motivación intrínseca del alumnado y le ayuda a ver los beneficios que supone el superar dichos obstáculos (WHITE et al., 2021). La última característica sería el **crecimiento personal**, implicando que cuando el estudiante supera los retos en esta zona, desarrolla su autoconfianza, resiliencia y capacidad para hacer frente a este tipo de situaciones de aprendizaje en el futuro.

La tercera zona de aprendizaje es la **zona de pánico**, que implica un alto riesgo de caer en la desmotivación. De acuerdo con SENNINGER (2000), la zona de pánico es un estado psicológico en el cual el estudiante se siente abrumado por el nivel de complejidad de la actividad o por la amenaza percibida que conlleva. En esta zona, el desafío supera sustancialmente las habilidades percibidas y los recursos del estudiante, lo que le provoca elevados niveles de ansiedad y miedo al fracaso. Para esta zona de aprendizaje, SENNINGER (2000) desgranaría como primer elemento distintivo el **nivel de reto excesivo**, donde el estudiante percibe que las actividades son inalcanzables, generando una sensación de impotencia e ineficacia. La segunda característica se referiría a los **elevados niveles de ansiedad**, donde el estudiante siente una alta presión y miedo al fracaso que le llevan a paralizar su capacidad de pensar con claridad y actuar eficazmente. La tercera característica haría referencia a la **desmotivación**, si el alumnado está demasiado tiempo en la zona de pánico, puede perder motivación, sentirse frustrado y evitar futuros retos (WHITE et al., 2021). El último elemento aludiría al **riesgo de bloqueo y de trauma**, implicando que, si un estudiante pasa demasiado tiempo en la zona de pánico, puede sufrir bloqueos emocionales e incluso traumas que afecten a su participación en educación física y en actividades físicas fuera del aula.

A la hora de guiar y facilitar el aprendizaje del alumnado en las clases de educación física, FERNÁNDEZ-RÍO y SAIZ-GONZÁLEZ (2023) recomiendan que todo estudiante debe moverse fundamentalmente entre la zona de confort y la zona de desafío, haciendo incursiones controladas en la zona de pánico. Por este motivo, el profesorado debe evaluar el nivel de desafío que cada actividad supone para el alumnado y adaptar los retos para que cada estudiante se sitúe en la zona de aprendizaje más adecuada para su proceso de enseñanza-aprendizaje.

Figura 9.1. Modelo de Zonas de Aprendizaje de Senninger (2000).

Estrategias para diseñar desafíos justos en educación física

Para diseñar desafíos justos en las clases de educación física, el profesorado debe tener en consideración cinco estrategias didácticas que ayudan a fomentar un aprendizaje con significado en el alumnado.

Desafíos adecuados

Para diseñar desafíos adecuados en las clases de educación física es necesario el conocimiento profundo de los intereses, habilidades, experiencias previas y necesidades individuales del alumnado (Fletcher y Ní Chrónín, 2022). Además, es crucial establecer objetivos claros, vinculando los desafíos a objetivos de aprendizaje que los estudiantes comprendan y valoren. Además de presentar una progresión lógica de los desafíos de forma secuenciada construyendo sobre habilidades previas y permitiendo un avance gradual, así como ofrecer una variedad de desafíos que abarquen lo cognitivo, físico, social y emocional.

TAREAS ABIERTAS Y NIVELES DE EJECUCIÓN AJUSTABLES

Cabe destacar la necesidad de diseñar tareas abiertas y niveles de ejecución ajustables (LOWRY, 2002), creando tareas que permitan múltiples soluciones, enfoques y niveles de complejidad. De esta forma, se consigue fomentar la creatividad, la toma de decisiones y la adaptación a las propias capacidades del alumnado. Señalar también como dentro de una misma tarea es interesante ofrecer diferentes niveles de dificultad o criterios de ejecución lo que permite que cada estudiante participe y se sienta desafiado a su propio nivel.

AUTONOMÍA Y ELECCIÓN DEL NIVEL DEL DESAFÍO POR PARTE DEL ALUMNADO

Aprender a ceder autonomía al alumnado para que puedan elegir el nivel de desafío ofreciendo diferentes opciones entre tareas o niveles de dificultad (WHITE et al., 2021). Otro recurso a tener en cuenta es involucrar al alumnado en la negociación de sus propios objetivos dentro de un marco establecido dándoles voz (FLETCHER y NÍ CHRÓNÍN, 2022). Como consecuencia, se consigue fomentar la capacidad de autorregulación del alumnado para evaluar habilidades propias y elegir desafíos apropiados promoviendo la reflexión sobre el progreso.

IMPLEMENTACIÓN DE ANDAMIAJE PARA LA PROGRESIÓN DE HABILIDADES

Durante el diseño de la progresión del aprendizaje, es importante proporcionar apoyo y guía al principio de la tarea con feedback claro, específico y centrado en el progreso (WHITE et al., 2021). Se requiere utilizar agrupamientos flexibles para facilitar el aprendizaje entre iguales y el apoyo mutuo. Finalmente, a medida que el alumnado gana confianza y competencia, el apoyo del profesor se va retirando progresivamente, fomentando la autonomía.

ALTERNANCIA ENTRE RETOS INDIVIDUALES Y GRUPALES

Considerar la alternancia entre retos individuales que permiten al alumnado centrarse en su progreso personal superando límites y desarrollar autoconfianza con retos grupales que fomentan la colaboración, comunicación, trabajo en equipo y responsabilidad compartida (FLETCHER y NÍ CHRÓNÍN, 2022). El diseño equilibrado de ambos tipos de retos permite ofrecer variedad de experiencias de aprendizaje y desarrollo.

Ideas para llevar a la práctica en el aula de educación física

A continuación, se presentan ejemplos específicos con actividades para observar cómo aplicar el desafío justo en las clases de educación física. Se han elaborado diferentes tablas con actividades que hace referencia a cada una de las competencias específicas que marca el currículum de la ley educativa actual en España, Ley Orgánica por la que se Modifica la Ley Orgánica de Educación (LOMLOE).

COMPETENCIA ESPECÍFICA 1			
Contenido	**Trabajo de fuerza (Crossfit)**	Tiempo (minutos)	15
Edad	12-16 AÑOS	Nº de Participantes	24
Material	No se requiere material para la actividad		
Objetivo	Experimentar un entrenamiento de fuerza		
Descripción			

El reto se realiza en 6 equipos de 4 personas. Cada equipo debe intentar hacer el número de rondas decididas previamente a comenzar, adaptándose al nivel y capacidad de todos/as los/as compañeros/as. Para la realización de la actividad, dos participantes deben realizar el ejercicio de una forma sincronizada (ejecutantes), mientras los otros dos compañeros proporcionan feedback y cuentan las repeticiones (entrenadores). Los roles deben ir cambiando conforme se va desarrollando el tiempo de la activad para que pasen tanto por el rol de ejecutantes como entrenadores.

WOD, grupos de 4 personas para 10 minutos:

5 burpees - 10 sentadillas - 15 saltos laterales - 20 mountain climbers

¿Qué reto se propone al alumnado?

El reto que se le propone al alumnado es conseguir de forma cooperativa realizar el número de rondas decididas previamente a comenzar la actividad en los 10 minutos que dura la actividad. Para ello deben organizar la estrategia a seguir durante la actividad como por ejemplo las parejas dentro del grupo, los ejercicios a realizar, el tiempo de descanso, etc.

¿Qué diferentes niveles se proponen?
Alto: Para un nivel más alto de la actividad se pueden aumentar el número de repeticiones por ejercicio, o incluso incluir un mayor número de ejercicios en cada ronda. Bajo: Para un nivel más bajo de la actividad se pueden disminuir el número de repeticiones por ejercicio, o incluso reducir un menor número de ejercicios en cada ronda.
¿Qué soluciones existen?
Las posible soluciones de la actividad las marcará el propio alumnado con las decisiones que tome en la estrategia a realizar. Ya sea gestionando el orden de los ejercicios, su tiempo de descanso, las agrupaciones realizadas, etc.

COMPETENCIA ESPECÍFICA 2			
Contenido	**Rugby Tag**	Tiempo (minutos)	15
Edad	8-16 AÑOS	Nº de Participantes	24
Material	Balones de rugby, conos, y petos		
Objetivo	Progresar y avanzar con el móvil		
Descripción			
Se formarán 3 campos simultáneos de juego donde 5 jugadores (atacantes) intentarán avanzar de un extremo del campo al otro para llegar a la zona de puntuación, evitando ser interceptados por las arañas (defensores). Este rol de arañas será asumido por los 3 jugadores restantes, quienes se posicionarán en líneas separadas cada 5 metros y se moverán lateralmente intentando hacer un tag (quitar la cinta al atacante) al jugador que tenga el balón al intentar cruzar su línea.			
¿Qué reto se propone al alumnado?			
El reto que se le propone al alumnado es conseguir llevar el balón a la zona de puntuación superando todas las líneas formadas por los defensores. Es importante que se concentren los atacantes en que el balón solo puede pasarse hacia atrás.			
¿Qué diferentes niveles se proponen?			
Alto: Para un nivel más alto de la actividad se pueden aumentar el número de defensores en cada línea, añadir más líneas de defensa o reducir el número de atacantes. Bajo: Para un nivel más bajo de la actividad se pueden disminuir el número de defensores en cada línea, eliminar líneas de defensa o aumentar el número de atacantes.			
¿Qué soluciones existen?			
Las posible soluciones de la actividad las marcará el propio alumnado con las decisiones que tome en la estrategia a realizar. Ya sea decidiendo por donde avanzar, quien va a ser el poseedor del móvil o que secuencias de pases se va a realizar durante la actividad.			

COMPETENCIA ESPECÍFICA 3			
Contenido	**Expresión Corporal**	Tiempo (minutos)	15
Edad	8-14 AÑOS	Nº de Participantes	24
Material	No se requiere material para la actividad		
Objetivo	Explorar diferentes emociones y gestos con significado		

Descripción
El alumnado se separará en 4 grupos de 6 personas. Cada grupo formará un círculo sentados en el suelo. La dinámica de la actividad es independientemente para cada grupo y el juego inicia con un estudiante que elige un gesto y lo representa con su propio cuerpo. La persona a su derecha repite el gesto anterior y, además, agrega un nuevo gesto. Y de esta forma continua la cadena de gestos de forma sucesiva incluyendo un gesto por participante. Si alguien olvida un gesto, se equivoca en el orden o hace un gesto incorrecto, el grupo debe empezar desde el principio con una nueva cadena de gestos.
¿Qué reto se propone al alumnado?
El reto que se le propone al alumnado es encadenar el mayor número de rondas de gestos posibles sin llegar a equivocarse.
¿Qué diferentes niveles se proponen?
Alto: Para un nivel más alto de la actividad se pueden disminuir el tiempo de respuesta de cada participante, aumentar el número de gestos por ronda o intercambiar el orden de los gestos.
Bajo: Para un nivel más bajo de la actividad se puede aumentar el tiempo de respuesta de cada participante, reducir el número de gestos por ronda o pedir una pista al grupo para continuar la secuencia.
¿Qué soluciones existen?
Las posible soluciones de la actividad las marcará cada estudiante ya que podrá gestionar su manera de memorizar los gestos, ya sea a través de la repetición verbal, la asociación con situaciones cotidianas o la observación atenta de los movimientos de sus compañeros.

COMPETENCIA ESPECÍFICA 4			
Contenido	**Actividades Circenses (acrossport)**	Tiempo (minutos)	15
Edad	12-16 AÑOS	Nº de Participantes	24
Material	4 colchonetas para cada grupo y hojas de registro		
Objetivo	Fomentar la creatividad y cooperación		

Descripción
Se dividirá a la clase en 4 grupos de 6 estudiantes. Cada grupo trabaja de manera independiente. El reto consiste en que cada grupo debe intentar realizar 5 figuras diferentes con un máximo de 8 apoyos para todos los participantes. Se deberá mantener la figura durante un tiempo de 3 segundos de forma estática. Es importante que se vayan intercambiando los roles para cada figura que se cree. Cada grupos deberá anotar en un papel cada formación que haya realizado para comprobar si se supera la actividad de forma satisfactoria.
¿Qué reto se propone al alumnado?
El reto que se le propone al alumnado es conseguir de forma cooperativa realizar 5 figuras diferentes atendiendo a las limitaciones propuestas por el docente, siendo capaces de intercambiar los roles entre las diferentes figuras creadas.
¿Qué diferentes niveles se proponen?
Alto: Para un nivel más alto de la actividad se puede disminuir el número de apoyos, aumentar el número de figuras diferentes o aumentar el tiempo de equilibrio de la figura.
Bajo: Para un nivel más bajo de la actividad se puede aumentar el número de apoyos, disminuir el número de figuras diferentes o disminuir el tiempo de equilibrio de la figura.
¿Qué soluciones existen?
Las posibles soluciones de la actividad estarán determinadas por las decisiones que el alumnado tome en la estrategia que elija para realizar las figuras. Cada grupo deberá gestionar la distribución de los apoyos entre los participantes, el tiempo para cada figura, y el intercambio de roles para adapatarse a las necesidades del grupo.

COMPETENCIA ESPECÍFICA 5			
Contenido	**Orientación**	Tiempo (minutos)	20
Edad	12-16 AÑOS	Nº de Participantes	24
Material	Cinta aislante, brújulas, mapas, y conos		
Objetivos	Interpretar coordenadas para moverse por el espacio		

Descripción

Previamente al inicio de la clase, el docente ha preparado en el suelo un tablero "tangram" de grandes dimensiones. Se crean 6 grupos de 4 personas cada uno, estos grupos funcionan de manera independiente. Se disponen de diferentes circuitos distribuidos por el terreno para trabajar de manera simultánea todos los grupos. Se entrega un mapa con un circuito a cada grupo. En él tienen un dibujo del tangram que están pisando donde se indica el punto inicial y final del recorrido. Disponen también de indicaciones para avanzar. La consigna es que avanzan siempre por las líneas hasta que encuentran un cono (punto donde se cruzan varias líneas) allí tienen diferentes opciones (líneas) por donde avanzar. Para determinar cuál es la correcta deben consultar las indicaciones donde se les proporciona el rumbo (grados) de la siguiente línea. Así consecutivamente hasta llegar al final del recorrido. A medida que avanzan trazan por encima del tangram de papel su recorrido. Cuando terminan lo entregan al docente para comprobar si es correcto. Si lo han realizado correctamente se les entrega un nuevo mapa con un nuevo circuito.

¿Qué reto se propone al alumnado?

El reto que se le propone al alumnado es conseguir realizar todos los circuitos que el docente ha preparado, interpretando de forma correcta las coordenadas al mismo tiempo que van dibujando el camino realizado.

¿Qué diferentes niveles se proponen?

Alto: Para un nivel más alto de la actividad se pueden aumentar el número de caminos en cada cono, realizar circuitos más largos, o incluir un tiempo límite para realizarlo.

Bajo: Para un nivel más bajo de la actividad se pueden disminuir el número de caminos en cada cono, realizar circuitos más cortos, o incluir pistas visuales en el terreno.

¿Qué soluciones existen?

Las posibles soluciones de la actividad dependerán de las decisiones que el alumnado tome en cuanto a cómo gestionar la lectura del mapa y la toma de decisiones en los puntos de cruce. Cada grupo deberá decidir de manera colaborativa cómo interpretar las indicaciones de grados para elegir la dirección correcta en cada cono, administrar el tiempo de manera eficiente y realizar la trazabilidad del recorrido.

Bibliografía

AGGERHOLM, K.; STANDAL, Ø. F., y HORDVIK, M. M. (2018). "Competition in physical education: Avoid, ask, adapt or accept?". *Quest, 70*(3), 385-400. https://doi.org/10.1080/00336 297.2017.1415151

BENI, S.; FLETCHER, T., y NÍ CHRÓINÍN, D. (2017). "Meaningful experiences in physical education and youth sport: A review of the literature". *Quest, 69*(3), 291-312. https://doi.or g/10.1080/00336297.2016.1224192

Dismore, H., y Bailey, R. (2011). "Fun and enjoyment in physical education: Young people's attitudes". *Research Papers in Education*, *26*, 499-516. https://doi:10.1080/02671522.2010.484866

Fernández-Río, J., y Saiz-González, P. (2023). "Meaningful Physical Education. A framework for the future and for all students". *Revista Española de Educación Física y Deportes*, *437*(4), 1-9. https://doi.org/10.55166/reefd.v437i4.1129

Fletcher, T., y Ní Chrónín, D., (2022). "Pedagogical principles that support the prioritisation of meaningful experiences in physical education: Conceptual and practical considerations". *Physical Education and Sport Pedagogy*, *27*(5), 455-466. https://doi.org/10.1080/17408989.2021.1884672

Gillison, F.; Sebire, S., y Standage, M. (2012). "What motivates girls to take up exercise during adolescence? Learning from those who succeed". *British Journal of Health Psychology*, *17*, 536-550. https://doi:10.1111/bjhp.2012.17.issue-3

Ley Orgánica 3/2020, de 29 de diciembre, por la que se modifica la Ley Orgánica 2/2006, de 3 de mayo, de Educación. *Boletín Oficial del Estado*, *340*, de 30 de diciembre de 2020. https://www.boe.es/boe/dias/2020/12/30/pdfs/BOE-A-2020-17264.pdf

Lowrie, T. (2002). "Designing a framework for problem posing: Young children generating open-ended tasks". *Contemporary Issues in Early Childhood*, *3*(3), 354-364. https://doi.org/10.2304/ciec.2002.3.3.4

Senninger, T. (2000). *Abenteuer leiten - in Abenteuern lernen*. Ökotopia.

White, R. L.; Bennie, A.; Vasconcellos, D.; Cinelli, R.; Hilland, T.; Owen, K. B., y Lonsdale, C. (2021). "Self-determination theory in physical education: A systematic review of qualitative studies". *Teaching and Teacher Education*, *99*, 103247. https://doi.org/10.1016/j.tate.2020.103247

10

Disfrute. Elemento 9 de la EFcS

Javier FERNÁNDEZ-RÍO, Pablo URÍA-VALLE, Jacob SIERRA-DÍAZ
Universidad de Oviedo

Igor CONDE-CORTABITARTE
Consejería de Educación, Formación Profesional
y Universidades del Gobierno de Cantabria

Aclaración terminológica

La diversión (*fun*) y el disfrute (*enjoyment*) son temas recurrentes en la literatura sobre educación física, existiendo cierto debate sobre la distinción entre ambos conceptos, ya que muchos autores los utilizan de manera indistinta a pesar de presentar distintos matices. Mientras que el *disfrute* se considera generalmente útil para fomentar actitudes positivas hacia la educación física, la *diversión* no siempre se ha considerado un resultado adecuado de esta materia escolar (SIEDENTOP *et al.*, 1986). Algunos investigadores consideran la *diversión como un afecto intrínseco a largo plazo* vinculado a la participación en el movimiento, que es fundamental para la educación física (PROCHASKA *et al.*, 2003). Mientras, otros definen la *diversión como un constructo extrínseco a corto plazo* que es un resultado limitado de la clase de educación física (MCNAMEE y BAILEY, 2010). Más aún, algunos consideran que el disfrute puede describirse como una experiencia subjetiva, como un estado afectivo positivo que refleja sentimientos como el *placer, el gusto y la diversión* (SCANLAN y SIMONS, 1992). Por lo tanto, parece que el disfrute es un *concepto más amplio y profundo* que la mera diversión.

En esta misma idea, DISMORE y BAILEY (2011) encontraron que la diversión y el disfrute ocupaban un lugar destacado en los informes sobre las actitudes hacia la educación física de los estudiantes, pero que el significado atribuido a estos conceptos parecía cambiar a medida que progresaban de una etapa a otra. La *diversión* era la razón más frecuentemente expresada para los sentimientos positivos asociados con la educación física en *Educación Primaria*. WANKEL y SEFTON (1989) en una investigación con niños de entre 7 y 15 años concluyeron que la diversión se explicaba como un estado de ánimo positivo asociado con el logro personal y la capacidad de superar un reto. En la misma línea, los participantes en un estudio de HASTIE (1994) sobre el modelo de Educación Deportiva atribuyeron la diversión a la mejora de las habilidades, la participación, el control de las clases, los juegos, la interacción con los compañeros y la afiliación al equipo. Sin embargo, en *Educación Secundaria, la diversión* se describía en términos de desafío de aprendizaje en lugar de en relación con la respuesta hedónica al juego, un enfoque más sofisticado *vinculado al aprendizaje* y que creemos se acerca más al concepto de *disfrute*. Sin lugar a dudas, el desarrollo psicológico del alumnado hace que sea necesario usar dos términos para referirse a unas percepciones más o menos profundas.

Para GARN y COTHRAN (2006), muchos estudiantes utilizan el término "diversión" para describir su "disfrute", seguramente debido a la incapacidad madurativa de entender los matices que implica el disfrute o deleite de una actividad u aquellos agentes externos o internos que intervienen en su percepción. SOLMON y CARTER (1995) revelaron que los niños de entre cinco y siete años consideraban que la educación física era divertida y que les hacía sentir bien y especiales. Sin embargo, los estudiantes de Educación Secundaria destacaban la necesidad de añadir elementos más interesantes mientras se divierten como el *nivel de desafío* o la *novedad* para *disfrutar* de la educación física (RIKARD y BANVILLE, 2006). Es por ello que uno de los elementos destacados para desarrollar o mantener el disfrute fue la creación de *ambientes de aprendizaje que promoviera el significado personal* (CARLSON, 1995). Dichos ambientes deben contar en una mayor o menor medida con la opinión del alumnado y deben estar adaptados a sus necesidades y al contexto en el que se realiza dicha actividad.

El problema es que centrarse exclusivamente en el placer o en la diversión ya que puede privar a los estudiantes de los beneficios a largo plazo, como la *competencia* en las habilidades necesarias para la *participación a lo largo de toda la vida* (HOCHSTETLER, 2003). Por ejemplo, si un grupo de alumnados disfrutan practicando fútbol, debe haber espacio en las clases para otros deportes como baloncesto (por poner un ejemplo de deporte de similares características) con el fin de incrementar el nivel de competencia motriz y deportiva a pesar de que no sea una actividad tan bien recibida que el fútbol. Además, en muchas ocasiones se presenta la necesidad de practicar de forma repetida para mejorar la competencia, aunque no sea divertido y/o placentero; lo que puede desembocar en un sentido positivo de orgullo y una mejor percepción de uno mismo (KUPPERMAN 2003), incrementando este disfrute no de manera inmediata sino a largo plazo. Por ello, para CSIKSZENTMIHALYI (1992), este *sentido del yo* es un elemento importante de las construcciones personales del disfrute. CSIKSZENTMIHALYI (1975, p. 205) planteaba la diversión como un factor "trivializado", "una noción hedonista y escapista de lo que es el disfrute". La búsqueda del disfrute es el objetivo principal de lo que se conoce como *"actividades de flujo"* (CSIKSZENTMIHALYI, 1992). El flujo es un estado óptimo de experiencia interior que incorpora alegría, creatividad, implicación total y una estimulante sensación de trascendencia. El flujo puede conducir a experiencias agradables e intrínsecamente gratificantes. La *experiencia óptima y el disfrute* se producen cuando la *habilidad percibida y el desafío están equilibrados*. Esto implica que el profesorado debe ajustar el nivel de reto de sus propuestas para que las tareas sean lo bastante exigentes sin resultar frustrantes.

Así, WRIGHT (2004) plantea que en la escuela es esencial centrarse en el *disfrute* (aspecto subjetivo) que proviene de la satisfacción obtenida al *dominar el movimiento* (aspecto objetivo). Es muy importante que los niños sean conscientes de los efectos del ejercicio y la actividad en sus cuerpos, pero su apreciación de la necesidad de ser físicamente activos a lo largo de toda su vida debe ir unida a la *satisfacción personal, al cuidado del cuerpo, al disfrute de la participación y al dominio de las habilidades*. BAILEY *et al.* (2010) niegan las experiencias puramente placenteras (diversión; véase el ejemplo de una pachanga de fútbol en clase) en favor de actividades con significado y el aprendizaje de nuevas habilidades para desarrollar el *disfrute* (como por ejemplo una propuesta de retos sobre la conducción del balón en un juego reducido). Y para lograrlo, el *docente* ha sido señalado como un elemento fundamental (SUBRAMANIAM y SILVERMAN (2002).

Conceptualización del disfrute

La investigación reciente muestra que el *disfrute ha desplazado a la diversión como variable a estudiar*. En algunos estudios se adaptaron instrumentos validados que medían el disfrute a la hora de realizar actividad física (FAIRCLOUGH, 2003), mientras que en otros casos se desarrollaron instrumentos específicos para la clase de educación física (*Questionnaire for the Assessment of Enjoyment*, LOHBECK *et al.*, 2019). En este último caso, los autores de la herramienta incluso señalaron 3 aspectos a medir en el constructo del disfrute: placer, flujo y recuperación.

FLETCHER *et al.* (2021) consideraron que el *disfrute era uno de los elementos fundamentales de una EFcS,* ya que autores anteriores como KRETCHMAR (1994) así lo habían identificado. No obstante, en una investigación posterior, SAIZ-GONZÁLEZ *et al.* (2025) no encontraron evidencias de este elemento en una muestra de participantes españoles. El problema es que se usaron métodos cualitativos de investigación y a través de ellos es posible que los participantes usaran el término diversión, cuando querían decir disfrute, tal y como señalan estudios anteriores (GARN y COTHRAN, 2006). Por tanto, más evidencia cuantitativa y cualitativa será necesaria en este respecto.

Así mismo, el disfrute en la práctica de actividad física se ha tratado a veces como *sinónimo de motivación intrínseca,* cuando en realidad es un concepto más amplio con múltiples determinantes (MARKLAND y HARDY, 1997). El *disfrute* y el interés por una actividad son *consecuencias de la motivación intrínseca*, que puede aumentar o mantener la participación futura (FERRER-CAJA y WEISS, 2000) y en consecuencia del grado de interiorización de una determinada actividad.

La correlación significativa observada entre el disfrute en la educación física y la competencia percibida (CARROLL y LOUMIDIS, 2001) respalda la premisa de que cuando la competencia percibida se experimenta en el contexto de la autodeterminación (DECI y RYAN, 2023), predice la *motivación intrínseca*, que a su vez puede mediar el *sentimiento de disfrute* (FERRER-CAJA y WEISS, 2000).

No obstante, el disfrute se ha observado de manera diferente en función del género de los estudiantes; así, mejorar la *autoeficacia y los beneficios percibidos* y proporcionar un *entorno de apoyo* en las clases de educación física que promueva la igualdad de género puede aumentar el sentimiento de disfrute entre las niñas (BARR-ANDERSSON *et al.*, 2008). La *autoeficacia* se refiere a las creencias que tiene una persona sobre su *capacidad para realizar con éxito una conducta* (BANDURA, 1997), habiéndose encontrado asociaciones entre niveles altos de *autoeficacia motriz* con un mayor disfrute y un mejor rendimiento en clase (FRAILE *et al.*, 2019). Así mismo, *unas clases de educación física orientadas a la tarea* (a realizar adecuadamente las tareas sin compararse con los demás y centrándose en el rendimiento de uno mismo) mejora, entre otras cosas, el disfrute de los estudiantes (JAITNER *et al.*, 2019). En este sentido y tal y como ya se ha señalado en las primeras páginas de este capítulo, estudios recientes han señalado la necesidad de *conocer las perspectivas (opiniones) de los estudiantes* para garantizar que todos disfruten de las clases de educación física y en ellas se refleja la necesidad de *desarrollar relaciones sociales positivas* (ADANK *et al.*, 2024), evitando las comparaciones.

En definitiva, la labor del docente es fundamental y por ello se ha acuñado el término: *Liderazgo Transformacional*, que inspira a las personas a crecer, innovar y alcanzar el éxito. En la enseñanza, implica cuatro aspectos [IBRAHIM *et al.*, 2014: *influencia idealizada* (servir como modelo a seguir), *motivación inspiradora* (impulsar el compromiso de los estudiantes a alcanzar objetivos educativos, *estimulación intelectual* (fomentar el pensamiento crítico y la resolución de problemas) y *consideración individualizada* (abordar las necesidades únicas de cada estudiante)]. Pues bien, este tipo de liderazgo promueve el disfrute en las clases de educación física (SÁNCHEZ *et al.*, 2025). Para llevarlo a la práctica y facilitar que el disfrute "cale" y se sostenga, HASTIE (2023) recomienda unidades didácticas más largas (el tiempo es necesario para consolidar aprendizajes) y la creación de climas que apoyen la autonomía del alumnado mediante espacios de elección (cuando sea posible), oportunidades de experimentación y superación de desafíos, retroalimentación constructiva y dar sentido explícito a las tareas. En la misma línea, KRETCHMAR (2007) subraya que las experiencias escolares han de ser especiales, memorables y personales para sostener la participación en el tiempo.

Reflexiones finales

El disfrute no solo contribuye a que el alumnado viva experiencias positivas inmediatas en educación física, sino que también aumente la probabilidad de que quiera seguir practicando actividad física en su tiempo libre puesto que en ella ha encontrado un espacio y tiempo donde sentirse bien. Por eso, diseñar clases significativas y con un clima de autonomía resulta esencial para que este disfrute se convierta en una intención sostenida de ser físicamente activo. A continuación, se señalan algunos elementos y estrategias que los docentes de educación física deben usar en sus clases de educación física para promover el disfrute entre su alumnado, desarrollando una EFcS:

- **Nivel de desafío adecuado**, para no desmotivar.
- **Novedad**, para mantener el interés.
- **Actividades significativas**, que sean interesantes para la vida de los estudiantes ofreciendo conexiones entre lo que ya sabe y hacia donde deben continuar su aprendizaje.
- **Aprendizaje de nuevos elementos**, para seguir avanzando, de manera pautada y adaptada al ritmo de cada uno.
- **Promover la motivación intrínseca, desarrollando primero la competencia**, no al revés.

- **Promover la autoeficacia motriz**, para sentirse competente y querer continuar.
- **Proporcionar un entorno de apoyo**, donde todos los estudiantes se sientan arropados.
- **Resaltar los beneficios percibidos**, para valorar la asignatura.
- **Clases orientadas a la tarea**, a realizar bien las tareas sin compararse con los demás.
- **Conocer las perspectivas (opiniones) de los estudiantes,** para garantizar que todos disfruten.
- **Desarrollar relaciones sociales positivas**, evitando las comparaciones y centrándose en sus propios rendimientos y en la mejora personal diaria.
- **Liderazgo Transformacional** (con sus cuatro aspectos), que inspiren al alumnado o cualquier persona a crecer, innovar y alcanzar el éxito.

Referencias

BARR-ANDERSON, D. J.; NEUMARK-SZTAINER, D.; LYTLE, L.; SCHMITZ, K. H.; WARD, D. S.; CONWAY, T. L., y PATE, R. R. (2008). "But I like PE: Factors associated with enjoyment of physical education class in middle school girls". *Research quarterly for exercise and sport, 79*(1), 18-27.

CARLSON, T. (1995). "'We hate gym': Student alienation from physical education". *Journal of Teaching in Physical Education, 14*, 467-71.

CARROLL, B., y LOUMIDIS, J. (2001). "Children's perceived competence and enjoyment in physical education and physical activity outside school". *European Physical Education Review, 7*(1), 24-43.

CSIKSZENTMIHALYI, M. (1975). *Beyond boredom and anxiety*. Jossey-Bass.

CSIKSZENTMIHALYI, M. (1992). *Flow*. Harper y Row.

DISMORE, H., y BAILEY, R. (2011). "Fun and enjoyment in physical education: young people's attitudes". *Research Papers in Education, 26*(4), 499-516. http://dx.doi.org/10.1080/02671522.2010.484866

FAIRCLOUGH, S. (2003). "Physical activity, perceived competence and enjoyment during high school physical education". *European Journal of Physical Education, 8*(1), 5-18.

FERRER-CAJA, E., y WEISS, M. R. (2000). "Predictors of intrinsic motivation among adolescent students in physical education". *Research Quarterly for Exercise and Sport, 71*(3), 267-279.

FLETCHER, T.; CHRÓINÍN, D. N.; GLEDDIE, D., y BENI, S. (2021). *Meaningful Physical Education*. Routledge.

Fraile García, J.; Tejero González, C. M.; Esteban, C. I., y Veiga, O. L. (2019). "Association between enjoyment, motor self-efficacy, physical activity and academic performance in physical education". *Retos, 36*, 58-63. https://doi.org/10.47197/retos.v36i36.63035

Garn, A., y Cothran, D. (2006). "The fun factor in physical education". *Journal of Teaching in Physical Education, 25*, 281-97.

Hastie, P. (1994). "The participation and perceptions of girls within a unit of sport education". *Journal of Teaching in Physical Education, 17*, 157-71.

Hastie, P. (2023). "Sport Pedagogy Research and Its Contribution to the Rediscovery of Joyful Participation in Physical Education". *Kinesiology Review, 12*(1), 28-35.

Hochstetler, D. (2003). "Process and the sport experience". *Quest, 55*, 231-43.

Ibrahim, M. S.; Ghavifekr, S.; Ling, S.; Siraj, S., y Azeez, M. I. K. (2014). "Can transformational leadership influence on teachers' commitment towards organization, teaching profession, and students learning? A quantitative analysis". *Asia Pacific Education Review, 15*(2), 177-190. https://doi.org/10.1007/s12564-013-9308-3

Jaitner, D.; Rinas, R.; Becker, C.; Niermann, C.; Breithecker, J., y Mess, F. (2019, July). "Supporting subject justification by educational psychology: A systematic review of achievement goal motivation in school physical education". *Frontiers in Education, 4*, 70-77.

Kretchmar, S. (1994). *Practical philosophy of sport*. Human Kinetics.

Kretchmar, R. S. (2007). "What to do with meaning? A research conundrum for the 21st century". *Quest, 59*, 373-383. https://doi.org/10.1080/00336297.2007.10483559

Kupperman, J. J. (2003). "Comfort, hedonic treadmills, and public policy". *Public Affairs Quarterly, 17*, 17-28.

Lohbeck, A.; Engels, E. S., y Freund, P. A. (2019). "Assessing students' enjoyment in physical education: measurement invariance across school tracks and relationships with grades". *Journal of Psychoeducational Assessment, 37*(8), 1023-1029.

Markland, D., y Hardy, L. (1997). "On the factorial and construct validity of the Intrinsic Motivation Inventory: conceptual and operational concerns". *Research Quarterly for Exercise and Sport, 68*(1), 20-32.

McNamee, M., y Bailey, R. P. (2010). "Physical education". En R. Bailey, R. Barrow, D. Carr y C. McCarthy (eds.) *Handbook of philosophy of education* (pp. 467-80). Sage.

Prochaska, J.; Sallis, J. F.; Slymen, D. J., y McKenzie, T. L. (2003). "A longitudinal study of children's enjoyment of physical education". *Pediatric Exercise Science, 15*, 170-8.

Rikard, L., y Banville, D. (2006). "High school student attitudes about physical education". *Sport, Education and Society, 11*, 385-400.

Saiz-González, P.; Sierra-Díaz, J.; Iglesias, D., y Fernández-Río, J. (2025). "Chasing meaningfulness in Spanish physical education: Old and new features". *Journal of Teaching in Physical Education, 45* (1), 217-225. https://doi.org/10.1123/jtpe.2024-0206

Sánchez García, C.; Reigal, R. E.; Hernández-Martos, J.; Hernández-Mendo, A., y Morales-Sánchez, V. (2025). "Transformational Teacher Leadership and Physical Education Students' Intention to be Active: The Mediating Roles of Motor Self-Efficacy and Enjoyment". *Perceptual and Motor Skills, 132*(3), 465-491.

Scanlan, T. K., y Simons, J.P. (1992). "The construct of enjoyment". En G. C. Roberts (ed.), *Motivation in Sport and Exercise* (pp. 119-215). Human Kinetics Publishers.

© Ediciones Morata, S. L.

SIEDENTOP, D.; MAND, C., y TAGGART, A. (1986). *Physical education: Teaching and curriculum strategies for Grades 5-12*. Mayfield.

SOLMON, M., y CARTER, J. (1995). "Kindergarten and first-grade students' perceptions of physical education in one teacher's classes". *Elementary School Journal, 95*, 355-65.

SUBRAMANIAM, P., y SILVERMAN, S. (2002). "Using complimentary data: An investigation of student attitude in physical education". *Journal of Sport Pedagogy, 8*, 74-91.

WANKEL, L., y SEFTON, J. (1989). "A season-long investigation of fun in youth sports". *Journal of Sport and Exercise Psychology, 11*, 355-66.

WRIGHT, J. (2004). "Preserving the values of happiness in primary school physical education". *Physical Education and Sport Pedagogy, 9*(2), 149-63.

© Ediciones Morata, S. L.

LÍNEAS DE INVESTIGACIÓN FUTURAS

11

EFcS: un Puente hacia la Educación Inclusiva

Sara DE LA FUENTE-GONZÁLEZ y Pablo SAIZ-GONZÁLEZ

Universidad de Oviedo

Introducción

A lo largo de la historia, la educación ha evolucionado progresivamente a la estela de las diversas transformaciones políticas y sociales, tratando de avanzar hacia la consolidación de una escuela más justa y accesible para todo el alumnado. A principios de los años noventa, la Educación Inclusiva irrumpe con fuerza en el ideario educativo como un paradigma que pretende dar respuesta a tan ambicioso desafío, promoviendo la presencia, la participación y también el aprendizaje de todos los estudiantes (AINSCOW, 2006; BOOTH y AINSCOW, 2002). Actualmente, el enfoque se integra en uno de los grandes objetivos de la Agenda 2030, cuyo propósito es "garantizar una educación inclusiva, equitativa y de calidad, promoviendo oportunidades de aprendizaje durante toda la vida para todas las personas" (UNESCO, 2015). Asimismo, en el contexto español, la Educación Inclusiva se ha consolidado no sólo como un derecho fundamental, sino también como la piedra angular sobre la que deben articularse todas las propuestas didácticas (LOMLOE, 2020).

Si bien se trata de un concepto que no está exento de dilemas (teóricos, prácticos y éticos) (DUK y MURILLO, 2016; FLORIAN, 2014), y cuyo sentido y definición se encuentran en constante evolución (ECHEITA y AINSCOW, 2011), su invitación a reconocer las diferencias —culturales, sociales, emocionales, corporales o cognitivas— como un valor y, no como un problema, han hecho de él un marco de referencia para planificar y desarrollar procesos educativos (Arnaiz, 2012; Fuentes *et al.*, 2021). En este sentido, el paradigma desplaza el foco del alumnado a la escuela, reconociendo que las barreras para el aprendizaje y la participación no residen en el alumnado, sino en las estructuras, culturas y políticas escolares (Calvo Álvarez y Verdugo Alonso, 2012).

En este contexto, la Educación Física ha ocupado tradicionalmente una posición ambigua. Por un lado, se trata de una materia con un enorme potencial para generar experiencias positivas vinculadas al cuerpo y al movimiento. Por otro, ha estado condicionada en muchas ocasiones por lógicas normativas y excluyentes que han dificultado la participación plena de parte de todo el alumnado. Así pues, el protagonismo otorgado al rendimiento, la competencia motriz o la reproducción de estereotipos han limitado, en muchos casos, su valor inclusivo.

La Educación Física con Significado (EFcS) surge como una propuesta pedagógica que desafía esta tradición y orienta la enseñanza hacia la construcción de experiencias que el alumnado perciba como dignas de ser recordadas (Fernández-Río y Saiz-González, 2023). Esta perspectiva, centrada en la experiencia subjetiva, abre nuevas posibilidades para pensar la inclusión desde una lógica que no se basa en adaptar a quienes no encajan, sino en construir propuestas educativas que consideren la calidad de la experiencia de todo el alumnado.

Así, este capítulo explora cómo los elementos de la EFcS pueden contribuir a promover una Educación Física más inclusiva. A partir del marco teórico de la educación inclusiva y del análisis de barreras identificadas en investigaciones recientes, se argumenta que la EFcS puede constituir un puente entre el currículo oficial y las necesidades del alumnado, favoreciendo la presencia, participación y aprendizaje de todos.

De la integración a la inclusión

Los principios de normalización e integración (Nirje, 1999; Wolfensberguer, 1972) marcaron un punto de inflexión en las formas de definir las dinámicas de institucionalización de las personas con discapacidad (Rodríguez-Martín *et al.*, 2020). Aunque en un primer momento pretendían dar respuesta a este colectivo, ambos ampliaron progresivamente su alcance a todas las personas que se quedaban al margen de los estándares dominantes, y se propusieron como una respuesta al modelo segregacionista (PARRI-LLA, 2002).

La normalización, por un lado, se planteó con la idea de proveer de los medios y recursos necesarios para que todas las personas pudieran disfrutar de las condiciones de vida de un ciudadano medio (RUBIO, 2009). La integración, por su parte, especialmente en el ámbito educativo, contemplaba la incorporación de todo el alumnado al sistema ordinario, con el objetivo de reducir la brecha entre el individuo y el contexto. Este enfoque tendía a responsabilizar al individuo antes que al contexto, insistiendo en que debía ser él quien se adaptara al entorno, y no al revés (CASTILLO-GARCÍA et al., 2016).

Hablar de Educación Inclusiva implica, ante todo, diferenciarla de estos conceptos previos. Mientras que la normalización y la integración parten de la lógica de incorporar al alumnado al sistema existente —sin eliminar las barreras contextuales—, la inclusión propone una transformación estructural de la escuela para responder a la diversidad de todo el alumnado desde el principio (ECHEITA, 2016). Como señalan AINSCOW y colaboradores, el foco ya no está en la adaptación del alumnado al sistema, sino en revisar críticamente las barreras que genera y perpetúa de manera intrínseca (AINSCOW, 2006; BOOTH y AINSCOW, 2002).

Esta mirada implica dar un giro a la concepción clínica e individualista de la diversidad, centrada en el déficit o en las características del alumnado, apostando por una nueva perspectiva social, relacional y ecológica del aprendizaje. Conforme a esta visión, las dificultades no residen exclusivamente en los sujetos, sino en los condicionantes que les rodean: las metodologías, los saberes, la cultura institucional, la formación del profesorado o las interacciones en el aula.

La Educación Física, tradicionalmente vinculada a enfoques biomédicos y basados en la competencia motriz (SAIZ-GONZÁLEZ et al., 2024), ha sido un escenario especialmente sensible a estas tensiones. Como muestran distintas investigaciones (DE LA FUENTE-GONZÁLEZ et al. 2025), siguen existiendo barreras para avanzar hacia una Educación Física verdaderamente inclusiva: altas ratios, falta de apoyos, mejorable formación inicial docente, y discursos normativos sobre el cuerpo o el esfuerzo (SAIZ-GONZÁLEZ et al., 2025). Estas barreras no afectan únicamente al alumnado con discapacidad, sino a cualquier estudiante que no se ajuste al perfil tradicionalmente dominante de éxito en esta materia.

En este sentido, la inclusión no se reduce a la incorporación puntual de ciertas medidas de accesibilidad, sino que también exige repensar el sentido mismo de la enseñanza y el aprendizaje en Educación Física, interrogando qué cuerpos, capacidades físicas y formas de participación son valoradas, y cuáles permanecen al margen.

El significado como elemento fundamental para la inclusión

Una de las claves para avanzar hacia una Educación Física inclusiva es preguntarse no solo quién está presente en clase, sino cómo vive esa experiencia. Estar presente no garantiza necesariamente participar ni aprender. De hecho, muchos alumnos asisten a clase sin sentirse parte de lo que ocurre, sin conectar con las propuestas y sin encontrar un sentido personal a las tareas que se les plantean (LADWIG et al., 2018). La inclusión, en este sentido, no puede, ni debe, desvincularse del significado que el alumnado atribuye a sus experiencias.

Desde esta perspectiva, la EFcS propone situar la vivencia del alumnado en el centro del proceso educativo. Esto implica reconocer que cada estudiante interpreta lo que ocurre en clase desde su experiencia, intereses y posibilidades. Lo que tiene significado para una persona puede no tenerlo para otra, y es precisamente esa diversidad de interpretaciones lo que convierte a la EFcS en una propuesta estructuralmente inclusiva, pues busca construir experiencias que cada estudiante pueda valorar en función de su contexto particular.

En este sentido, el enfoque se alinea con los principios de la Educación Inclusiva, formulados por AINSCOW (2006): presencia, participación y aprendizaje. La EFcS contribuye a estos principios desde la creación de contextos pedagógicos que priorizan el sentido de la experiencia para que todo el alumnado se implique activamente en las sesiones y encuentre su lugar dentro de la clase de Educación Física.

En definitiva, cuando una experiencia educativa adquiere significado para quien la vive, se conecta de manera más profunda con los principios de la Educación Inclusiva. El significado no puede entenderse, por tanto, como un mero complemento, sino como condición necesaria para que una propuesta educativa pueda enmarcarse en este paradigma.

Hacer realidad la inclusión desde la EFcS: ideas para la práctica

La EFcS es un marco conceptual flexible que puede integrarse con distintas propuestas pedagógicas, lo que la convierte en una herramienta especialmente útil para avanzar hacia una educación más inclusiva. Igualmente, su implementación se alinea directamente con sus tres principios fundamentales. Esto implica generar entornos en los que todo el alumnado esté presente de manera digna, pueda participar activamente en las actividades de clase, y tenga acceso a formas de aprendizaje que reconozcan su diversidad.

La siguiente tabla muestra cómo, de acuerdo con los autores de este capítulo, se relacionan estos tres principios con los pilares del enfoque EFcS:

Tabla 11.1. Relación de la EFcS con los principios de la Educación Inclusiva

Principios de la Educación Inclusiva	Relación con la EFcS
Presencia	La EFcS promueve un entorno en el que el alumnado se siente invitado a estar. Los elementos del modelo y la búsqueda de experiencias relevantes para todo el alumnado favorecen la asistencia, participación activa y sentimiento de pertenencia.
Participación	La EFcS favorece formas activas de participación. A través de elementos como el estilo interpersonal docente, el modelo aspira a promover la implicación del alumnado en las dinámicas del aula mediante el fomento de su autonomía. Otros elementos, como el desafío justo y la competencia motriz, favorecen que todo el alumnado pueda aspirar a aprender, mejorar y tener éxito en las actividades que se plantean.
Aprendizaje	La EFcS prioriza el aprendizaje y el valor personal de lo que se aprende. Elementos como el aprendizaje personalmente relevante, pero también el desafío justo o la competencia motriz, buscan permitir que cada estudiante aprenda desde sus capacidades personales, adaptándose a todos los ritmos de aprendizaje.

Pero ¿cómo trasladamos esto a la práctica diaria en el aula? A pesar de que las bases conceptuales de la EFcS, que han sido trabajadas en profundidad hasta ahora en el presente libro, plantean ya un enfoque eminentemente inclusivo, se proponen a continuación ideas para concretar estas propuestas de manera consciente en busca de la inclusión de todo el alumnado:

Ofrecer retos ajustados y múltiples caminos hacia el éxito

- A través del diseño de tareas que supongan un esfuerzo asumible y que reconozcan el progreso individual, evitando comparaciones injustas con otros compañeros o con modelos teóricos.

Revisar los criterios de éxito

- Ampliando lo que se entiende por "hacer bien una tarea", reconociendo el esfuerzo y la mejora personal como indicadores válidos de aprendizaje.

Valorar la diversión y el respiro como puntos de partida válidos

- Para entender que el disfrute, la risa o la sensación de desconexión del resto del día escolar pueden ser formas legítimas de participación que pueden ser aprovechadas para generar aprendizaje.

Diversificar las propuestas de aprendizaje

- Incorporando actividades variadas que amplíen las formas de participación para facilitar que cada estudiante encuentre una vía de entrada personal a la actividad, aumentando las oportunidades de implicación y disfrute.

Cuestionar estereotipos sobre el cuerpo y la competencia

- Invitando a pensar de manera crítica sobre qué significa ser "bueno" en Educación Física y presentando la legitimidad de los distintos cuerpos y capacidades físicas.

Diseñar experiencias que conecten con la vida del alumnado

- Planteando tareas que resulten personalmente relevantes para todo el alumnado con el objetivo de favorecer su implicación y participación activa en la asignatura.

Fomentar la reflexión sobre lo vivido

- Incorporando momentos en los que el alumnado pueda pensar y compartir qué les ha resultado valioso de la sesión con el objetivo de reconocer trayectorias personales, más allá del resultado.

Figura 11.1. Ideas para fomentar la inclusión de todo el alumnado.

Referencias bibliográficas

Ainscow, M.; Booth, T., y Dyson, A. (2006). *Improving schools, developing inclusion*. Routledge. https://doi.org/10.4324/9780203967157

Arnaiz-Sánchez, P. (2012). "Escuelas eficaces e inclusivas: Cómo favorecer su desarrollo". *Educatio Siglo XXI, 30*(1), 25-44.

Booth, T., y Ainscow, M. (2002). *Index for Inclusion: Developing learning and participation in schools*. Centre for Studies on Inclusive Education (CSIE).

CALVO ÁLVAREZ, M. I., y VERDUGO ALONSO, M. Á. (2012). "Educación inclusiva, ¿una realidad o un ideal?". *Edetania*, *41*, 17-30.

CAÑADAS, L.; ZUBILLAGA-OLAGUE, M., y SANTOS-CALERO, E. (2023). "Actitudes del profesorado de Educación Física hacia la inclusión educativa". *Revista Electrónica Interuniversitaria de Formación Del Profesorado*, *26*(3), 15-28. https://doi.org/10.6018/reifop.574461

CASTILLO-GARCÍA, M.; DEL MORAL-ARROYO, G., y RAMOS-CORPAS, M. J. (2016). "Estudio comparado sobre las políticas inclusivas en las comunidades autónomas de Andalucía y Extremadura". *Revista nacional e internacional de Educación Inclusiva*, *9*(3), 201-218.

DUK, C., y MURILLO, F. J. (2016). "La Inclusión como Dilema". *Revista Latinoamericana de Educación Inclusiva*, *10*(1), 11-14. https://doi.org/10.4067/S0718-73782016000100001

ECHEITA, G. (2016). "Inclusión y Exclusión Educativa. De Nuevo, 'Voz y Quebranto'". *REICE. Revista Iberoamericana Sobre Calidad, Eficacia Y Cambio En Educación*, *11*(2). https://doi.org/10.15366/reice2013.11.2.005

ECHEITA, G., y AINSCOW, M. (2011). *La educación inclusiva como derecho: Marco de referencia y pautas de acción para el desarrollo de una revolución pendiente*. https://repositorio.uam.es/handle/10486/661330

FERNÁNDEZ-RÍO, J., y SAIZ-GONZÁLEZ, P. (2023). "Educación Física con Significado (EFcS). Un planteamiento de futuro para todo el alumnado". *Revista Española de Educación Física y Deportes*, 437(4), 1-9. https://doi.org/10.55166/reefd.v437i4.1129

LADWIG, M. A.; VAZOU, S., y EKKEKAKIS, P. (2018). "'My best memory is when I was done with it': PE memories are associated with adult sedentary behavior". *Translational Journal of the American College of Sports Medicine*, *3*(16), 119-129. https://doi.org/10.1249/TJX.0000000000000067

LA FUENTE-FERNÁNDEZ, J. C.; DÍAZ-TEJERINA, D.; URÍA-VALLE, P., y FERNÁNDEZ-RÍO, J. (2024). "Los juegos tradicionales: herramienta de inclusión en la formación de futuros docentes de Educación (Física. Traditional games: an inclusive tool in the training of future Physical Education teachers)". *Retos, 54*, 561-567. https://doi.org/10.47197/retos.v54.101856

FLORIAN, L. (2014). "What counts as evidence of inclusive education?". *European Journal of Special Needs Education*, *29*(3), 286-294. https://doi.org/10.1080/08856257.2014.933551

FUENTES, M. A.; ZELAYA, D. G., y MADSEN, J. W. (2021). "Rethinking the Course Syllabus: Considerations for Promoting Equity, Diversity, and Inclusion". *Teaching of Psychology*, *48*(1), 69-79. https://doi.org/10.1177/0098628320959979

LEY ORGÁNICA 3/2020, de 29 de diciembre, por la que se modifica la Ley Orgánica 2/2006, de 3 de mayo, de Educación. Boletín Oficial del Estado, núm. 340, de 30 de diciembre de 2020. https://www.boe.es/eli/es/lo/2020/12/29/3

NIRJE, B. (1999). "2. How I came to formulate the Normalization principle". En R. J. FLYNN y R. LEMAY (eds.), *A Quarter-Century of Normalization and Social Role Valorization: Evolution and Impact* (pp. 17-50). Les Presses de l'Université d'Ottawa | University of Ottawa Press.

PARRILLA, Á. (2002). "Acerca del origen y sentido de la Educación Inclusiva". *Revista de Educación*, *327*, 11-29.

RODRÍGUEZ MARTÍN, A.; ÁLVAREZ ARREGUI, E., y ORDIALES IGLESIAS, T. (2020). *Huellas para la inclusión: Fundamentos para responder a la diversidad e implementar el D.U.A.* Ediuno.

RUBIO, F. (2009). "Principios de normalización, integración e inclusión". *Innovación y Experiencias Educativas, 19,* 1-9.

SAIZ-GONZÁLEZ, P.; IGLESIAS, D., y FERNÁNDEZ-RÍO, J. (2024). "'More physical education': Critical analysis of the predominant biomedical discourse in press reports". *Retos: Nuevas Tendencias En Educación Física, Deporte y Recreación,* 54, 541-547. https://doi.org/10.47197/retos.v54.103578

UNESCO (2015). *Declaración de Incheon: Educación 2030: Hacia una educación inclusiva y equitativa de calidad y un aprendizaje a lo largo de la vida para todos.* https://unesdoc.unesco.org/ark:/48223/pf0000233137_spa

WOLFENSBERGER, W.; NIRJE, B.; OLSHANSKY, S.; PERSKE, R., y ROOS, P. (1972). *The Principle of Normalization In Human Services.* Wolfensberger Collection.

12

La EFcS con una perspectiva cooperativa para mejorar experiencias para prevenir el acoso

Carlos Evangelio
Universidad de Castilla-La Mancha

Juan de Dios Benítez Sillero
Universidad de Córdoba

Javier Murillo Moraño
Centro de Magisterio "Sagrado Corazón",
Adscrito a Universidad de Córdoba.

Xènia Ríos-Sisó
Universidad Autónoma de Barcelona (UAB)

Definición, caracterización y prevalencia de acoso y ciberacoso

El acoso entre iguales, también conocido como bullying, supone aquel conjunto de comportamientos o actos de agresión que se repiten a lo largo del tiempo con el objetivo de causar daño a una persona que se encuentra en una posición de inferioridad o vulnerabilidad frente a quien o quienes ejercen la agresión, existiendo un desequilibrio de poder entre ambas partes. Es decir, se derivan tres características para que se produzca acoso: la repetición, la intención de causar daño y la diferencia de poder víctima y agresor/a (OLWEUS, 1993). Hoy en día, el acoso puede manifestarse también mediante el uso de nuevas tecnologías, considerándose en tal caso como ciberacoso (MENESINI y SALMIVALLI, 2017). Alguna de las características que definen el ciberacoso son: (1) los perpetradores pueden ocultar su identidad y datos personales, lo que dificulta su detección e intervención (PETER y PETERMAN, 2018); (2) el gran impacto y audiencia que puede haber debido a la rápida difusión de mensajes, imágenes o vídeos, lo que dificulta su control (DOGAR, 2019); (3) el tiempo que duran dichos actos en la red, lo que dificulta que su intervención definitiva; y (4) las mínimas restricciones que existen para acceder a ellas (SMITH y SLONJE, 2010). Por ello, en la actualidad es considerado una de las formas más peligrosas de acoso.

En relación con la prevalencia con la que ocurren casos de acoso, MODECKI et al. (2014) destaca que en torno al 10% de estudiantes han sido víctimas de situaciones de acoso de forma recurrente. Más recientemente, el informe de la Fundación Mutua Madrileña y la Fundación ANAR (2024), indica que un 9,4% de los alumnos sufre acoso y/o ciberacoso en el momento que se les pregunta, y casi la mitad de dicho alumnado lo sufre durante meses. Y lo peor de dichos datos es la consecuencia que tiene el acoso sobre el alumnado tanto a nivel físico, cognitivo, social y psicológico (JIMÉNEZ-BARBERO et al., 2019).

Ante estos datos, toda la comunidad educativa debe tratar de contribuir a la prevención del (ciber) acoso. No obstante, ¿cuál es la situación con respecto a la Educación Física (EF)?

El acoso en Educación Física

La EF es una asignatura que posee ciertos factores que pueden aumentar la prevalencia de casos de acoso (JIMÉNEZ-BARBERO et al., 2019). Así, un estudio reciente realizado a 20.622 estudiantes en España (9-18 años), reveló que el 24,8% de las víctimas de acoso en Educación Primaria y el 20,9% en Secundaria experimentaron agresiones dentro del gimnasio o durante las clases de EF (DÍAZ-AGUADO et al.; 2023). Y ser víctima de acoso en EF puede afectar a una menor participación y disfrute del alumnado, lo que se podría influir negativamente en la adopción de un estilo de vida activo y saludable en la edad adulta (SAĞIN et al., 2022). Pero, ¿cuáles son las principales causas de que esto se produzca? La Figura 12.1 resume algunos de los factores más evidenciados.

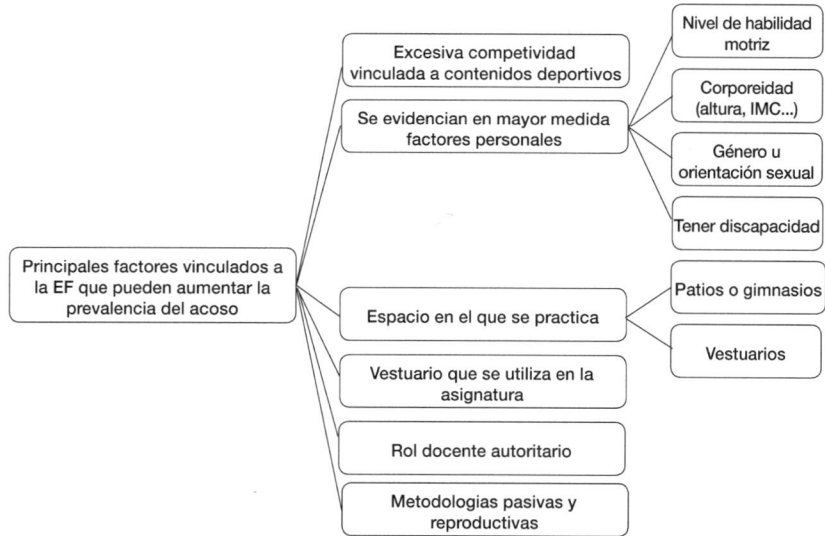

Figura 12.1. Principales factores de la EF que influyen en la prevalencia del acoso.

En primer lugar, la EF es una asignatura que tiene una clara vinculación con la práctica físico-deportiva. El informe CASES (HARTILL *et al.*, 2021) resaltó que un 75% de jóvenes de diversos países europeos que había practicado deporte (78% en España) había sufrido violencia interpersonal. Factores como la competitividad pueden generar comportamientos disruptivos entre alumnado que participe en diferentes grupos, o incluso en un mismo grupo (por ejemplo, si no se consigue "ganar" y se culpa a una persona). Además, si se practican deportes de contacto físico, el nivel de agresividad puede aumentar y las agresiones pueden camuflarse en el trascurso del juego, dificultándose su identificación (SAĞIN *et al.*, 2022).

En segundo lugar, tal como explican JIMÉNEZ-BARBERO *et al.* (2019), en EF se evidencian en muchas ocasiones características personales del alumnado que pueden provocar situaciones de acoso, tales como: (1) competencias motrices y físicas del alumnado, pudiendo generar situaciones de humillación para aquellos estudiantes con menor destreza motriz (SHEHU, 2009); (2) tamaño corporal o forma física (alto, bajo o, sobre todo, tener sobrepeso/obesidad), siendo un factor frecuente para que se produzca acoso en EF; (3) género u orientación sexual, pudiendo vincularse también a la imagen corporal; o (4) tener alguna discapacidad.

En tercer lugar, la propia caracterización de la asignatura también puede ser un factor de prevalencia de acoso. Por un lado, el espacio en el que se practica la EF (gimnasios o espacios abiertos) puede dificultar la supervisión del profesorado y aumentar el riesgo de interacciones problemáticas entre los estudiantes (BASCÓN-SEDA y RAMÍREZ-MACÍAS, 2020). A ello se suma la existencia de vestuarios, espacios en los que el profesorado no puede ejercer una supervisión directa, lo que puede favorecer la ocurrencia o el agravamiento de situaciones de perpetración. Estas pueden verse intensificadas por factores como la condición física o las características corporales del alumnado. Además, debido a la exposición del cuerpo, el uso del vestuario representa un aspecto especialmente sensible que influye en la prevalencia de casos de intimidación y exclusión social en el contexto de la Educación Física (BASCÓN-SEDA y RAMÍREZ-MACÍAS, 2020).

Por último, el rol docente autoritario o el uso de metodologías pasivas que no apoyan la autonomía del alumnado puede aumentar los comportamientos agresivos (MONTERO-CARRETERO et al., 2020). ¿Qué podemos hacer al respecto? El primer paso sería entender que el rol del profesorado de EF es clave para prevenir que el acoso se desarrolle en este contexto (BENÍTEZ-SI-LLERO et al., 2020; JIMÉNEZ-BARBERO et al., 2019). No obstante, actualmente, un 28,6% del alumnado percibe que el profesorado no interviene ante casos de acoso (Fundación Mutua Madrileña y Fundación ANAR, 2024). El segundo paso, sería emplear programas y metodologías que favorezcan la prevención del acoso desde la EF (EVANGELIO et al., 2025) o la práctica físico-deportiva (RÍOS y VENTURA, 2023). Estos programas deben abogar por el uso de metodologías eminentemente cooperativas y que promuevan experiencias con significado.

¿Qué elementos de la Educación Física con Significado pueden contribuir a la prevención (o mejora) del acoso desde un prisma cooperativo?

En base a todo lo desarrollado anteriormente, el rol del profesorado y experiencias en línea con una EF con Significado (EFcS) pueden contribuir a prevenir o mejorar el acoso. Este enfoque se caracteriza aportar experiencias con significado que tengan en cuenta la naturaleza social del aprendizaje (FLETCHER et al., 2021) y permita motivar al alumnado satisfaciendo sus necesidades psicológicas básicas (FERNÁNDEZ-RÍO y SAIZ-GONZÁLEZ, 2023). En este sentido, algunos modelos pedagógicos como el Aprendizaje Cooperativo (AC), que posee elementos que se relacionan notablemente con las de la EFcS, también tiene en cuenta esa naturaleza social y el desarrollo de la motivación. Esto se debe de que supone un modelo en el que "los estudiantes aprenden con, de y por otros estudiantes a través de un planteamiento de enseñanza-aprendizaje que facilita y potencia esta interacción e interdependencia positivas y en el que docente y estudiantes actúan como co-aprendices" (Fernández-Río, 2014, p. 6).

Además, el AC se ha postulado como un modelo pedagógico efectivo en la prevención del acoso, existiendo diferentes programas que se nutren de esta metodología para dicho fin con resultados muy positivos (ver ejemplos en Evangelio *et al.*, 2025). En la Figura 12.2, se puede ver la relación entre los elementos de la EFcS con el AC, y posteriormente se desarrolla cómo van a poder contribuir a prevenir o reducir el acoso. Cabe destacar que dicha relación es sobre todo a nivel conceptual, pudiendo variar en función del enfoque pedagógico. Además, se irá describiendo como se relacionan los elementos y su potencial para prevenir el acoso de forma alterna, pudiendo interrelacionar diferentes elementos.

En primer lugar, con respecto a la "**Interacción social**", supone un elemento común entre el AC y la EFcS, y se relaciona directamente con la necesidad psicológica de relación con los demás (Ryan y Deci, 2017). La satisfacción de esta necesidad en el alumnado puede contribuir a disminuir la perpetración del acoso, según Montero-Carretero *et al.* (2020). Estos mismos autores también proponen que un estilo interpersonal docente de apoyo a la autonomía también puede contribuir al desarrollo de las necesidades psicológicas básicas, siendo positivo a su vez para reducir la perpetración y victimización del acoso.

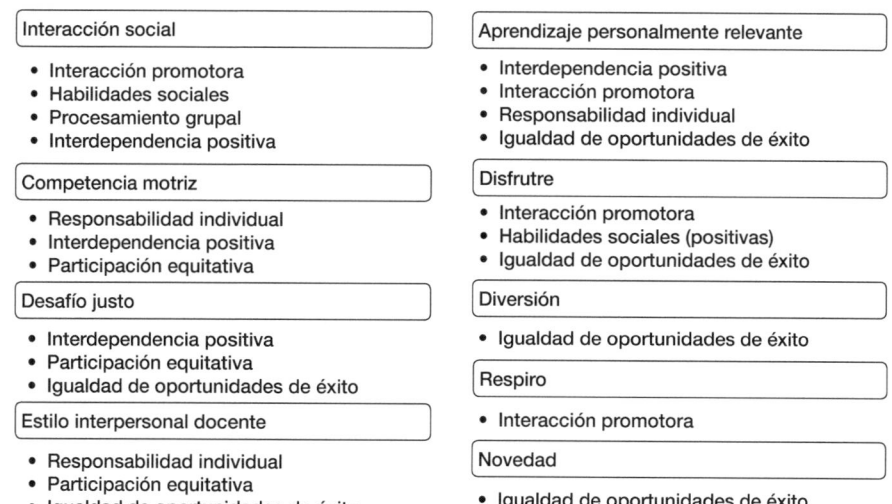

Figura 12.2. Principal relación entre los elementos de la EFcS y el AC.

Por lo tanto, aquellas estrategias cooperativas que promuevan una interacción promotora entre el alumnado, el desarrollo de habilidades sociales y una mejora del clima social de clase y de las relaciones sociales son de utilidad para prevenir el acoso (BENÍTEZ-SILLERO et al., 2020). Por ejemplo, proponer situaciones de aprendizaje en las que el alumnado trabaje para conseguir un resultado colectivo (en vez de competir en un deporte), dependiendo unos de otros y tomando decisiones comunes, puede ayudar a que entre ellos desarrollen una mejor socialización. Un aspecto clave en esta línea es que previamente se desarrolle un sentido por querer cooperar (Fase de "Creación y cohesión de grupo"; FERNÁNDEZ-RÍO, 2017) a través de actividades de autoconocimiento y conocimiento de los demás, o desarrollo de la confianza. De lo contrario, si se obliga a cooperar a una persona que ha sido víctima de acoso con quien ha ejercido dicho comportamiento, podría generarse el efecto contrario al deseado, ya que la persona(s) agresora(s) podría asumir un rol de liderazgo excluyendo aún más a la víctima (se agravaría la desigualdad de poder que ocurre en los casos de acoso). Esto podría ocurrir con mayor frecuencia en función de la **"Competencia motriz"** del alumnado.

Como se ha destacado anteriormente uno de los factores que puede provocar mayor perpetración de acoso en EF es la humillación hacia estudiantes con una menor destreza motriz (SHEHU, 2009). De nuevo, el sentimiento de competencia es una de las necesidades psicológicas básicas del alumnado (RYAN y DECI, 2017), y metodologías que promuevan dicho sentimiento aportando responsabilidad individual al alumnado, como el AC, pueden ser un factor positivo para su desarrollo. Para ello, hay estrategias clave como proporcionar *feedback* específico y elogiar el esfuerzo y la mejora (se pueden usar estrategias como asignar roles como "entrenador/animador" o realizar coevaluaciones utilizando estrategias como "Parejas-comprueban-ejecutan" —FERNÁNDEZ-RÍO, 2017— en las que entre el propio alumnado se aporte dicho *feedback*) o proporcionar desafíos adecuados en las que todo el alumnado participe de forma equitativa (ver siguiente elemento). Este tipo de metodologías o estrategias van a contribuir a mejorar la autoeficacia y la identidad personal del alumnado, valor que se relaciona con una mayor resiliencia frente al acoso (SHEMESH y HEIMAN, 2021).

Además, las estrategias que abogan por desarrollar un clima positivo en EF, realizando actividades que puedan favorecer el conocimiento de las características del resto y valorar la diversidad, son claves para la prevención del acoso, ya que permiten desarrollar habilidades como la empatía (WENOS et al., 2014).

En este sentido, la competencia del profesorado para plantear actividades que supongan ese **"Desafío justo"** supone un elemento clave. Es decir, tareas y situaciones de aprendizaje que permitan a todo el alumnado participar de forma equitativa, pero ajustándose a poder aportar al grupo en base a su competencia (FERNÁNDEZ-RÍO y SAIZ-GONZÁLEZ, 2023). En este sentido, los retos grupales cooperativos pueden ser una herramienta positiva si se diseñan teniendo en cuenta que se dé una interdependencia positiva del alumnado para alcanzar el reto y, a su vez, una participación equitativa, elementos propios del AC (FERNÁNDEZ-RÍO, 2021). Por ejemplo, se pueden proponer situaciones de aprendizaje en el que el producto final sea la realización de una coreografía grupal con pasos grupales que se ajusten a todo el grupo, y momentos de pasos individuales que permitan a cada alumno/a satisfacer su sentimiento de competencia.

Por el contrario, si se fijan retos competitivos grupales en los que parte del alumnado no llega a las metas o influye en que su grupo "no gane", pueden generar recriminaciones y aumentar el riesgo de acoso, pudiendo llegar a comportamientos de perpetración física y exclusión (ZHOU *et al.*, 2023). Por ello, se proponen fijar tareas que eviten la comparación entre estudiantes en pro de la mejora personal y una orientación a la tarea (FERNÁNDEZ-RÍO y SAIZ-GONZÁLEZ, 2023). Así, la actividad física de tipo cooperativo puede fomentar un mayor autoconcepto físico y alentar a comportamientos prosociales, reduciendo la victimización entre estudiantes (MEDINA-CASCALES *et al.*, 2019).

A todo ello hay que sumar otro elemento de la EFcS que hace referencia a que el aprendizaje tenga un verdadero significado positivo para el alumnado ("**Aprendizaje personalmente relevante**"), siendo clave empoderarlo y promover la transferencia de aprendizajes (FERNÁNDEZ-RÍO y SAIZ-GONZÁLEZ, 2023).

Con respecto a empoderar al alumnado, el modelo de AC tiene la característica de desarrollar su responsabilidad individual para poder conseguir los objetivos comunes que se fijen. Para ello, se pueden utilizar estrategias como aportar roles al alumnado pactando sus responsabilidades a desempeñar o técnicas cooperativas complejas como la de "Grupos de Aprendizaje", en las que unos alumnos/as son activos motrizmente y otros participan dando *feedback* mediante claves (FERNÁNDEZ-RÍO, 2017). En este sentido, experiencias que promuevan el sentimiento de que un grupo depende de mi responsabilidad para conseguir ciertos objetivos (y yo del resto), y puedo tener éxito en base a mis capacidades va a contribuir a generar una interacción que promueva el aprendizaje, elementos propios del AC.

Hasta este momento, tanto para fijar tareas que promuevan la competencia motriz, que supongan un desafío justo, o que promuevan un aprendizaje relevante, destaca un elemento esencial: el "**Estilo interpersonal docente**". Concretamente, un estilo que apoye la autonomía del alumnado puede reducir la victimización y la perpetración del acoso, mientras que uno más autoritario puede aumentar estos comportamientos (MONTERO-CARRETERO *et al.*, 2020). Este estilo docente debe favorecer la capacidad de elección del alumnado durante su proceso de enseñanza-aprendizaje (por ejemplo, escogiendo contenido a practicar, actividades, roles a desempeñar...), de manera que se sienta partícipe del mismo.

En línea con empoderar al alumnado, si se proponen intervenciones o estrategias que favorezcan crear conciencia sobre el acoso y sus posibles repercusiones, se puede capacitar a los/las estudiantes para que actúen en lugar de permanecer pasivos (WENOS et al., 2014). Es decir, se puede favorecer a que exista una transferencia entre lo aprendido en EF y lo que puede ocurrir en sus vidas. Para ello, de nuevo satisfacer la necesidad de autonomía del alumnado mediante el estilo docente y las estrategias metodológicas empleadas va a favorecer que el aprendizaje sea relevante y, por lo tanto, se favorezca su transferencia fuera del aula, tal y como aboga la Teoría Trans-Contextual de la Motivación (HAGGER y CHATZISARANTIS, 2016).

En esa transferencia fuera del aula existe otro elemento que también resulta esencial, y es el "**Disfrute**". Es decir, el propio placer que provoca y la motivación intrínseca que en este caso el alumnado pueda generar. La satisfacción de las necesidades psicológicas básicas está muy relacionada con esa motivación (RYAN y DECI, 2017) y, por ende, todo ello puede favorecer de nuevo la transferencia a otros contextos (HAGGER y CHATZISARANTIS, 2016).

En este sentido, las intervenciones que utilizan metodologías activas el AC promueven un mayor disfrute del alumnado en el aula, principalmente porque tienden a promover un clima motivacional positivo (FERNÁNDEZ-RÍO, 2021). Por ejemplo, aquellas tareas o situaciones de aprendizaje con significado en las que el alumnado coopera para conseguir un fin común y adquirir unos aprendizajes, y sintiéndose partícipe del proceso y con oportunidades de éxito, son propicias para generar disfrute y una motivación intrínseca. Y cuando se promueve ese clima motivacional que está centrado en la tarea, puede ayudar a prevenir el acoso entre iguales (BENÍTEZ-SILLERO et al., 2020).

Cabe destacar que el profesorado debe buscar que este tipo de enfoque orientado a la tarea prime en sus programaciones docentes para garantizar la sostenibilidad de los aprendizajes y motivación adquiridas. De lo contrario, intervenciones esporádicas en medio de otras orientadas al ego y con metodologías que no apoyan la autonomía, van a hacer que los resultados conseguidos puedan ser un oasis que no perdura en el tiempo.

En continuación con el hecho de promover experiencias positivas al alumnado, favorecer que este tenga "**Diversión**" resulta también un elemento esencial. Para ello, FERNÁNDEZ-RÍO y SAIZ-GONZÁLEZ (2023) destacan que es importante que una persona pueda tener éxito en la tarea realizada para disfrutar de la misma, y que ese éxito sea auto-referenciado (porque se compare consigo mismo y su mejora, en vez de con el resto) y orientado a la tarea.

Así pues, actividades cooperativas que se adapten al nivel de competencia motriz del alumnado pueden favorecer esa diversión por encima de aquellas competitivas en las que algunos/as puedan no tener apenas éxito, lo que frustraría su intención de seguir participando en esa actividad. Programas para prevenir el acoso como el PREBULLPE, que se nutre de actividades cooperativas, ha demostrado que el alumnado disfruta y se divierte por encima de otras tareas, especialmente las chicas (BENÍTEZ-SILLERO *et al.*, 2019).

Además, este tipo de intervenciones, aunadas al carácter experiencial y catártico que tiene la EF, puede suponer un momento de "**Respiro**" para el alumnado. Se entiende este respiro como un momento de desconexión en el que, por supuesto, no se deja de lado el aprendizaje. Y es que, si se logra crear un ambiente positivo en el aula acompañado de esa percepción, se puede dar también un respiro a las situaciones de acoso que puedan ocurrir hacia parte del alumnado. Es decir, podemos favorecer que la EF suponga no solo una desconexión a nivel de práctica de actividad física, sino también a nivel de perpetración del acoso. En este sentido existen factores clave para prevenirlo que se han destacado anteriormente, tales como: la empatía y el conocimiento de las características del alumnado (incluyendo acosado/acosador); la colaboración en busca de objetivos comunes; o el desarrollo de un clima positivo, entre otros. Para dicho fin participar en actividades cooperativas casi sin ser conscientes de que están cooperando (por ejemplo, cambiando constantemente de parejas/grupos) puede ser una herramienta de utilidad.

Por último, un valor positivo que puede tener trabajar cooperativamente es que produzca un sentimiento de novedad si el alumnado no está acostumbrado a ello. La "**Novedad**", supone una candidata a necesidad psicológica básica (GONZÁLEZ-CUTRE *et al.*, 2020) y puede aportar un disfrute, siendo relevante aportar variedad en las tareas cooperativas o en las agrupaciones que se realicen. Por supuesto, aportar tareas diversas y que puedan promover igualdad de oportunidades de éxito a todo el alumnado es un elemento favorecedor para satisfacer dicha necesidad psicológica.

Conclusiones

El acoso en el ámbito escolar y deportivo es una de las principales lacras que requieren atención por parte de la comunidad educativa. En este capítulo se trata cómo influye la EF en este sentido por su caracterización, pudiendo ser una asignatura que agrave la prevalencia del acoso o una solución para prevenir o mejorar ese tipo de situaciones. Más concretamente, se propone cómo puede atenderse desde propuestas relacionadas con una EFcS y una perspectiva relacionada con el AC. Así, se discurre a través de los elementos de ambas metodologías dejando abiertas posibilidades de acción docentes que deban concretarse al materializar dichas propuestas.

Referencias bibliográficas

Bascón-Seda, A., y Ramírez-Macías, G. (2020). "Víctimas de bullying: Aportaciones para identificar casos de acoso en Educación Física dentro de la Educación Secundaria Obligatoria". *Cultura, Ciencia y Deporte*, *15*(43), 109-119. https://doi.org/10.12800/ccd.v15i43.1404

Benítez-Sillero, J. D.; Córdoba-Alcaide, F.; Moyano, M.; Rodríguez-Hidalgo, A. J., y Calmaestra, J. (2020). "Prevention and educational intervention on bullying: physical education as an opportunity". *Movimento*, *26*, e26091. https://doi.org/10.22456/1982-8918.105169

Benítez-Sillero, J. D.; Corredor-Corredor, D.; Morente-Montero, A.; Castejón-Riber, C., y Calmaestra-Villén, J. (2019). "Percepción del Alumnado de Educación Secundaria de una Unidad Didáctica para la Prevención del Bullying Escolar". En *XIII Congreso Internacional FEADEF Sobre La Enseñanza de La Educación Física y El Deporte Escolar y II Congreso Red Global* (pp. 163-172).

Díaz-Aguado, M. J.; Martínez-Arias, R.; Falcón, L., y Alvariño, M. (2023). *Acoso escolar y ciberacoso en España en la infancia y en la adolescencia*. Universidad Complutense de Madrid y Fundación Colacao. https://fundacioncolacao.org/investigacion

Dogar, Y. (2019). "Analyzing the Cyberbullying Behaviors of Sports College Students". *International Education Studies, 12*(11), 36-46. https://doi.org/10.5539/ies.v12n11p36

Evangelio, C.; Saiz-González, P.; Fernández-Río, J., y González-Víllora, S. (2025). *La prevención del acoso y ciberacoso a través de las clases de Educación Física*. Editorial Octaedro y UCLM.

Fernández-Río, J. (2014). "Aportaciones del modelo de Responsabilidad Personal y Social al Aprendizaje Cooperativo". En C. Velázquez, J. Roanes y F. Vaquero (coord.), *Actas del IX Congreso Internacional de Actividades Físicas Cooperativas* (pp. 18-32). La Peonza.

— (2017). "El Ciclo del Aprendizaje Cooperativo: una guía para implementar de manera efectiva el aprendizaje cooperativo en educación física". *Retos: nuevas tendencias en educación física, deporte y recreación* (32), 264-269.

— (2021). "Aprendizaje cooperativo". En A. Pérez-Pueyo, D. Hortigüela-Alcalá, Javier Fernández-Río (coords.), *Los modelos pedagógicos en educación Física: qué, cómo, por qué y para qué* (pp. 26-49). Universidad de León.

Fernández-Río, J., y Saiz-González, P. (2023). "Educación Física con Significado (EFcS). Un planteamiento de futuro para todo el alumnado". *Revista Española de Educación Física y Deportes, 437*(4), Article 1129. https://doi.org/10.55166/reefd.v437i4.1129

FLETCHER, T.; CHRÓINÍN, D. N.; GLEDDIE, D., y BENI, S. (2021). *Meaningful physical education: An approach for teaching and learning*. Routledge.

FUNDACIÓN MUTUA MADRILEÑA Y FUNDACIÓN ANAR (2024). *La Opinión de los/as Estudiantes.* VI *Informe de Prevención del Acoso Escolar en Centros Educativos.* https://www.fundacionmutua.es/actualidad/estudios/

GONZÁLEZ-CUTRE, D.; ROMERO-ELÍAS, M.; JIMÉNEZ-LOAISA, A.; BELTRÁN-CARRILLO, V. J., y HAGGER, M. S. (2020). "Testing the need for novelty as a candidate need in basic psychological needs theory". *Motivation and Emotion*, *44*(2), 295-314. https://doi.org/10.1007/s11031-019-09812-7

HAGGER, M. S., y CHATZISARANTIS, N. L. D. (2016). "The trans-contextual model of autonomous motivation in education: Conceptual and empirical issues and meta-analysis". *Review of Educational Research, 86*, 360-407. https://doi.org/10.3102/0034654315585005

HARTILL, M.; RULOFS, B.; LANG, M.; VERTOMMEN, T.; ALLROGGEN, M.; CIRERA, E.; DIKETMUELLER, R.; KAMPEN, J.; KOHL, A.; MARTIN, M.; NANU, I.; NEETEN, M.; SAGE, D., y STATIVA, E. (2021). *CASES: Child abuse in sport: European Statistics - Project Report*. Edge Hill University.

JIMÉNEZ-BARBERO, J. A.; JIMÉNEZ-LOAISA, A.; GONZÁLEZ-CUTRE, D.; BELTRÁN-CARRILLO, V. J.; LLOR-ZARAGOZA, L., y RUIZ-HERNÁNDEZ, J. A. (2020). "Physical education and school bullying: A systematic review". *Physical Education and Sport Pedagogy*, *25*(1), 79-100. https://doi.org/10.1080/17408989.2019.1688775

MEDINA-CASCALES, J. A., y REVERTE-PRIETO, M. J. (2019). "Incidencia de la práctica de actividad física y deportiva como reguladora de la violencia escolar". *Retos, 35*, 54-60.

MENESINI, E., y SALMIVALLI, C. (2017). "Bullying in schools: The state of knowledge and effective interventions". *Psychology, Health and Medicine*, *22*, 240-253. https://doi.org/10.1080/13548506.2017.1279740

MODECKI, K. L.; MINCHIN, J.; HARBAUGH, A. G.; GUERRA, N. G., y RUNIONS, K. C. (2014). "Bullying prevalence across contexts: A meta-analysis measuring cyber and traditional bullying". *Journal of Adolescent Health*, *55*(5), 602-611. https://doi.org/10.1016/j.jadohealth.2014.06.007

MONTERO-CARRETERO, C.; BARBADO, D., y CERVELLÓ, E. (2020). "Predicting bullying through motivation and teaching styles in physical education". *International journal of environmental research and public health*, *17*(1), 87. https://doi.org/10.3390/ijerph17010087

OLWEUS, D. (1993). "Bullying at school: What We Know and What We Can Do. Malden: Blackwell Publishing". *Psychology in the Schools, 40*(6), 699-700. https://onlinelibrary.wiley.com/doi/10.1002/pits.10114

— (2025). *Conductas de acoso y amenaza entre escolares*. Morata.

PETER, I. K., y PETERMAN, F. (2018). "Cyberbullying: A concept analysis of defining attributes and additional influencing factors". *Computers in Human Behavior, 86*, 350-366. https://doi.org/10.1016/j.chb.2018.05.013

RÍOS, X., y VENTURA, C. (2023). *Bullying en el deporte y en la Educación Física*. INDE.

RYAN, R. M., y DECI, E.L. (2017). *Self-determination theory: Basic psychological needs in motivation, development, and wellness*. Guilford publications.

Sağın, A. E.; Uğraş, S., y Güllü, M. (2022). "Bullying in physical education: Awareness of physical education teachers". *Physical Culture and Sport. Studies and Research*, *95*(1), 40-53. https://doi.org/10.2478/pcssr-2022-0010

Shehu, J. (2009). "Peer provocation in physical education: Experiences of Botswana adolescents". *Educational Studies*, *35*(2), 143-152. https://doi.org/10.1080/0305 5690802470324

Shemesh, D. O., y Heiman, T. (2021). "Resilience and self-concept as mediating factors in the relationship between bullying victimization and sense of well-being among adolescents". *International Journal of Adolescence and Youth*, *26*(1), 158-171. https://doi.org/10.1080/02673843.2021.1899946

Smith, P. K., y Slonje, R. (2010). "Cyberbullying: The Nature and Extent of a new kind of bullying". En S. Jimerson, S. Swearer y D. Espelage (eds.), *The international handbook of school bullying* (pp. 249-262). Routledge.

Wenos, J.; Trick, T., y Williams, J. A. (2014). "Creating Socially Fit Heroes and Reducing the Incidence of Bullying in Elementary Physical Education". *Journal of Physical Education, Recreation y Dance*, *85*(7), 36-41. https://doi.org/10.1080/07303084.2014.9370 20

Zhou, Z.; Zhou, X.; Shen, G.; Khairani, A., y Saibon, J. (2023). "Correlates of Bullying Behavior Among Children and Adolescents in Physical Education: A Systematic Review". *Psychology Research and Behavior*, 5041-5051. https://doi.org/10.2147/PRBM. S441619

13

El modelo de Educación Deportiva: una oportunidad de Educación Física con significado para el alumnado con Necesidades Educativas Especiales

Jorge Abellán, Yessica Segovia,
Juan Manuel Fernández-Murillo y Nieves M. Sáez-Gallego
Universidad de Castilla-La Mancha

Introducción

Todos los estudiantes deberían tener la oportunidad de vivir experiencias significativas y positivas en Educación Física (EF), pero desafortunadamente no siempre sucede (Fernández-Río et al., 2023). Esta situación podría agravarse en grupos en situación mayor vulnerabilidad, entre los que se encuentra el alumnado con necesidades educativas especiales (NEE). La EF se presenta como un área que tiene el potencial de promover experiencias positivas en estos estudiantes, entre otros aspectos, porque se ha demostrado que fomenta las interacciones sociales y la creación de lazos de amistad a partir del trabajo en equipo (HAEGELE y SUTHERLAND, 2015) o porque ofrece la posibilidad de tomar decisiones dentro de las actividades, haciendo así que su aprendizaje sea personalmente relevante (SHIELDS y SYNNOT, 2016). Sin embargo, hay estudiantes que han manifestado tener experiencias negativas en las clases de EF debido a aspectos como el aislamiento social y el acoso (HOLLAND y HAEGELE, 2021).

Los aspectos que se enumeran para resaltar qué son y qué no son experiencias positivas para el alumnado con NEE encajan con los distintos elementos clave de la Educación Física con Significado (EFcS), aunque en escasas ocasiones se ha tenido en cuenta la voz de las personas con discapacidad para establecer dichas categorías. Por lo tanto, y aunque la investigación sobre la EFcS en alumnado con NEE es limitada, los estudios que hasta el momento han investigado este enfoque muestran el potencial para mejorar la experiencia educativa de todo el alumnado (p.ej. SAIZ-GONZÁLEZ *et al.*, 2025).

Uno de los elementos clave que podrían favorecer la EFcS es el enfoque pedagógico que se aplica en el aula. En la búsqueda de escenarios que pudieran satisfacer la creación de "experiencias con significado para y con el alumnado" (SAIZ-GONZÁLEZ *et al.*, 2025, p. 2), encontramos con gran potencial los modelos pedagógicos como alternativa a la EF tradicional multi-actividad, ante la necesidad docente de construir una EF comprometida (CASEY y KIRK, 2021).

En este capítulo analizaremos el potencial del modelo de Educación Deportiva (ED) para favorecer el enfoque de la EFcS en alumnado con NEE. La ED (SIEDENTOP, 1994) es un modelo que busca ofrecer una experiencia deportiva auténtica al alumnado, a partir de la organización en equipos estables con una intervención pedagógica de larga duración en las que se introducen los principales elementos del deporte extraescolar, mientras que el alumnado desarrolla roles referentes a la dirección y organización deportiva. De acuerdo con MALINOWSKI *et al.* (2024), también creemos que la ED tiene el potencial para que todo el alumnado pueda vivir experiencias con significado, especialmente aquellos procedentes de contextos vulnerables como podrían ser las situaciones educativas presentes en los centros de Educación Especial (CEE), siempre y cuando se controlen aquellos aspectos que pudieran no favorecer la inclusión de todo el alumnado (como una orientación de la competición hacia el producto o el empleo de sus rutinas y rituales sin considerar previamente las características del alumnado).

En el presente capítulo explicaremos la forma en la que la ED puede contribuir a que los estudiantes con NEE puedan tener experiencias con significado en la EF escolar, basándonos en nuestra experiencia adquirida durante la aplicación del modelo en CEE de Castilla-La Mancha (España).

Potencial de la Educación Deportiva para fomentar experiencias con significado para el alumnado con necesidades educativas especiales

La propuesta de MALINOWSKI *et al.* (2024) ofrece una perspectiva crítica sobre cómo la ED podría contribuir al enfoque de EFcS en el alumnado con NEE. En este apartado adaptamos su trabajo inicial y lo ampliamos, incluyendo los nuevos elementos identificados por SAIZ-GONZÁLEZ *et al.* (2025) en el contexto español. El resumen de las características del modelo que actúan como facilitadores de las experiencias con significado en el caso del alumnado con NEE se presenta en la Tabla 13.1.

Tabla 13.1. Facilitadores de la Educación Deportiva para hacer una Educación Física con significado para alumnado con necesidades educativas especiales

Elementos EFcS	Facilitadores
Diversión	Festividad y rituales. Roles.
Novedad	Desarrollo de las responsabilidades asociadas a los roles asignados al alumnado*. Inclusión de una estructura deportiva que incluye entrenamientos y competición*. Variedad de actividades entre los diferentes tipos de tareas que se proponen en el modelo*.
Estilo interpersonal docente	El docente se esfuerza por preocuparse por los intereses y preferencias del alumnado y promueve su autonomía*. Oportunidades para co-gestionar el aula junto al docente*. El docente convierte sus clases en un lugar de aprendizaje y disfrute*.
Interacción social	Afiliación a equipos estables*. Festividad y rituales (comienzo de partidos y saludos protocolarios, por ejemplo). Evento culminante*.
Aprendizaje personalmente relevante	Roles, que promueven un aprendizaje más profundo de las reglas, habilidades y estrategias de un deporte concreto. Evento culminante que reconoce el progreso de todo el alumnado*.
Respiro	Experimentar el aprendizaje de una manera más dinámica*. Romper con la rutina de aprendizaje más estática de las otras asignaturas*.

Elementos EFcS	Facilitadores
Competencia motora	Unidades didácticas/situaciones de aprendizaje de larga duración. Amplias oportunidades de utilizar y emplear habilidades motrices en situaciones de juego contextualizado.
Desafío justo	Elección del deporte a partir de las características del alumnado. Creación de equipos estables homogéneos dentro de la diversidad*.

Nota. Adaptado de Malinowski *et al.* (2024, p. 15). (*) Elaboración propia.

En la propuesta de Malinowski *et al.* (2024) también se presentan algunas barreras, que podrían obstaculizar las experiencias con significado del alumnado. Sin embargo, hemos decidido no incluirlas, ya que entendemos que no son barreras propias de la ED, sino de una orientación no educativa del deporte en el ámbito escolar. Por ejemplo, una de las barreras propuestas en la diversión sería el énfasis en la competición. Sin embargo, la ED destaca el proceso de competir y no el producto (García López y Gutiérrez, 2017). En nuestra experiencia, la competición en el marco de la ED ha supuesto un facilitador, como en el caso de una experiencia en la que se favorecieron interacciones sociales entre estudiantes con autismo y sus compañeros de clase durante la competición en una temporada de ED en secundaria (Abellán *et al.*, 2025).

El proyecto MED-CEE: promoviendo una Educación Física con significado en centros de educación especial

La ED podría convertirse en una posible vía de consecución de experiencias de EF con significado para el alumnado con NEE. Sin embargo, la existencia de barreras relacionadas con la ausencia de adaptación a las características del alumnado con NEE (Malinowski *et al.*, 2024) nos indica que el modelo, *per se,* podría tener dificultades para lograrlas. Para asegurar experiencias con significado en el marco del desarrollo del modelo, consideramos fundamental añadir estrategias propias del Diseño Universal para el Aprendizaje (DUA) y de la adaptación de tareas. Además, tratamos de recomendar siempre la Enseñanza Comprensiva del Deporte (ECD) como modelo de enseñanza del deporte durante la temporada de ED. Esta combinación es la que estamos llevando a la práctica en el proyecto de investigación "Desarrollo de la autonomía del alumnado de centros de Educación Especial a través del modelo de Educación Deportiva" (MED-CEE). A continuación, realizaremos una breve contextualización del proyecto para después desarrollar ejemplos de la forma en la que hemos detectado que se manifiesta cada uno de los elementos de la EFcS durante el desarrollo de nuestra investigación.

CONTEXTUALIZACIÓN

El proyecto MED-CEE tiene como objetivos: 1) Evaluar el grado de adecuación y viabilidad del modelo de ED al alumnado de los CEE y 2) Examinar el desarrollo de la autonomía del alumnado con necesidades educativas especiales a través de la responsabilidad desempeñada mediante los roles. Este proyecto abarca tres cursos y tiene como enfoque fundamental la investigación-acción participativa. Hasta la fecha se ha desarrollado el estudio piloto en un único CEE (ABELLÁN y SEGOVIA, 2024) y el primer curso, en el que han participado siete CEE de Castilla-La Mancha (España). En los CEE se escolarizan exclusivamente estudiantes con NEE derivadas de diferentes tipos de discapacidad (intelectual mayoritariamente) y trastornos (como el autismo).

Durante el curso 2024-2025, más de 100 estudiantes con NEE, además de diferentes profesionales (profesorado de EF, tutoras, equipos directivos), han tomado parte en una temporada en cada uno de los centros. En el análisis de los datos, realizado a través de entrevistas, diarios y grupos focales con el profesorado y alumnado implicado, hemos detectado que se han manifestado multitud de ejemplos de los elementos de la EFcS. En el siguiente apartado se muestra un resumen de estos.

¿CÓMO HA LOGRADO EL ALUMNADO DE LOS CENTROS DE EDUCACIÓN ESPECIAL EXPERIENCIAS CON SIGNIFICADO EN EL PROYECTO MED-CEE?

Con el propósito de ofrecer una visión completa de la contribución de la ED al logro de experiencias con significado en EF, en la Tabla 2 se relacionan los principios de la inclusión educativa (Presencia, participación y aprendizaje; AINSCOW et al., 2006) con los elementos de la EFcS.

Tabla 13.2. Relación entre los principios de la inclusión y la búsqueda de experiencias con significado en Educación Deportiva

	Presencia	Participación	Aprendizaje
Diversión		A través de los elementos festivos del modelo, los estudiantes con NEE experimentan sentimientos de disfrute.	
Novedad		Los elementos de la temporada, los roles y la elección del deporte han sido elementos originales que han contribuido a favorecer la participación del alumnado durante toda la temporada.	
Estilo interpersonal del docente	El estilo democrático del docente durante la ED favorece que el estudiante experimente sentimientos de pertenencia al grupo, especialmente a su equipo.	Co-gestión del aula, haciendo que el alumnado se sienta escuchado.	
Interacción social	Afiliación a un equipo estable durante toda la temporada favorece las relaciones interpersonales.	El desarrollo de las responsabilidades a través de los roles ofrece oportunidades de participación a todo el alumnado.	
Aprendizaje personalmente relevante			El hecho de que el alumnado haya logrado conectar el aprendizaje de la temporada con situaciones fuera de ella ha supuesto un verdadero hito en sus posibilidades de participación en la comunidad.
Respiro	La experiencia deportiva auténtica vivida durante la temporada de ED ha logrado crear un entorno de aprendizaje dinámico y divertido, en el que el alumnado con NEE quería estar presente.		
Competencia motriz			Las temporadas de larga duración han dado la oportunidad a todo el alumnado de poder progresar en cuanto a su competencia motriz, logrando el progreso necesario para considerarlo un aprendizaje.

	Presencia	Participación	Aprendizaje
Desafío justo		La contribución de la ECD y del DUA en el diseño del juego de competición ha facilitado que las tareas de aprendizaje se sitúen dentro de la zona de desarrollo próximo del alumnado. Cuando no era posible, el empleo de la adaptación de tareas ha favorecido la participación de todo el alumnado	

Nota. DUA: Diseño Universal para el Aprendizaje; ECD: Enseñanza Comprensiva del Deporte; ED: Educación Deportiva; NEE: Necesidades Educativas Especiales.

A continuación, hacemos un breve recorrido por cada uno de los elementos, incluyendo algunos ejemplos registrados durante el desarrollo del proyecto MED-CEE.

a. *Diversión.* Los elementos festivos de la temporada han llevado al alumnado participante a vivir una experiencia deportiva auténtica, objetivo de SIEDENTOP (1994) cuando diseñó la ED. En especial, los rituales de entrada, el grito y el evento final han potenciado momentos de diversión en el alumnado. Por ejemplo, en los eventos finales hemos visto la creación de pancartas, coreografías y entregas de reconocimientos a los que asistía todo el alumnado del centro, creando momentos de disfrute tanto en el profesorado como en el alumnado participante.

b. *Novedad.* Se han encontrado múltiples ejemplos en los que el desarrollo de la temporada ha ofrecido una variedad de situaciones que ha motivado al alumnado participante. Por ejemplo, los roles asignados al alumnado han sido percibidos como algo nuevo, como nos comentaba una alumna que se sentía orgullosa de su labor como capitana del equipo; o la función que se derivaba de esos roles, como afirmaba una entrenadora satisfecha con su posibilidad de "mandar". Respecto a la elección del contenido deportivo, varios estudiantes han manifestado que era la primera vez que practicaban bolos en el ámbito de la EF escolar, y que les había resultado interesante. Finalmente, tanto el profesorado de EF (especialmente aquel que llevaba a cabo ED por primera vez) como el alumnado han mostrado que la estructura de la intervención, en forma de temporada deportiva, ha sido algo innovador dentro del desarrollo habitual de las clases de EF. Se puede decir, por lo tanto, que el desarrollo del modelo ha supuesto una novedad en los CEE, ya que no era la manera habitual en la que se suelen desarrollar las clases de EF, las cuales están en ocasiones más enfocadas en una perspectiva médica y rehabilitadora.

c. *Estilo interpersonal del docente.* Los docentes que han participado en este proyecto se han mostrado muy involucrados, centrados en tener en cuenta los intereses del alumnado y en promover su autonomía. En este sentido, la ED ya presenta espacios para orientar la EF hacia la docencia democrática y reflexiva. La propia orientación del proyecto hacia la búsqueda de espacios en los que el alumnado desarrolle autonomía, especialmente a través de las funciones asociadas a los roles, ha propiciado situaciones de este tipo. En algunos casos, la utilización de estrategias propias de la ED, como la asunción de responsabilidades para la explicación de las tareas, han transcendido a las sesiones de ED, siendo utilizadas por el profesorado en otras sesiones de EF. Esto ha supuesto un aumento de la participación del alumnado y una reducción del carácter directivo del docente de EF.

d. *Interacción social.* Probablemente sea uno de los aspectos más destacados durante el desarrollo de la temporada. La creación de los equipos se realizó considerando mezclar varios grupos-clase, debido a que las agrupaciones del alumnado en los CEE tienen en cuenta las necesidades de apoyo y a que los grupos-clase originales contaban con un número reducido de estudiantes (entre cuatro y seis habitualmente). Además, ya habíamos observado que crear los equipos a partir de las tutorías podría ser una barrera (ABELLÁN y GONZÁLEZ-MARTÍ, 2020). Esta situación ha llevado a que alumnado de diferentes grupos, y que habitualmente no se relacionaba, tuviese un trato cercano. Por ejemplo, diferentes estudiantes manifiestan que les ha gustado poder relacionarse con otro alumnado con el que no habían compartido experiencias, a pesar de llevar varios cursos compartiendo centro educativo. Este cambio de perspectiva ha llevado a uno de los centros a mantener su clase conjunta, con dos grupos clase diferentes, a pesar de haber terminado la temporada. La razón fundamental ha sido la demanda del propio alumnado de seguir realizando actividades conjuntas y mantener las relaciones sociales iniciadas durante el proyecto. Este ambiente se ha trasladado a otros espacios de los centros, como por ejemplo los pasillos escolares o las clases de tutoría. Además de las interacciones sociales entre el alumnado involucrado en la temporada, el proyecto también ha fomentado las relaciones sociales con el alumnado no participante, ya que ha sido invitado a presenciar el evento final. Por ejemplo, en algunos casos, el alumnado no participante ha colaborado en la creación de material decorativo para el evento final (banderas, pancartas, pompones, elementos de photocall, etc.), motivados por sus tutoras u otros docentes del centro. Todo ello ha incrementado el ambiente festivo y la motivación de todo el alumnado, lo que ha favorecido las interacciones sociales positivas.

e. *Aprendizaje personalmente relevante*. Se ha logrado fundamentalmente a través de los diferentes roles, especialmente cuando los aprendizajes han logrado traspasar las clases de EF, y se ponen como ejemplo tres situaciones. En una de ellas, el entrenador de uno de los equipos manifestó que el hecho de haber podido ejercer este rol durante la temporada le había hecho plantearse que le gustaría continuar entrenando a otras personas fuera del CEE, es decir, lo llevó a querer formarse como monitor deportivo. En otra, la capitana de un equipo nos contó que había intervenido en una situación fuera de clase de EF: una de sus compañeras de equipo había tenido un problema en el centro y ella pidió hablar con la tutora de esta chica para ayudar a resolver la situación. Al preguntarle los motivos de su implicación, ella nos respondió que su labor como capitana era que todo su equipo se encontrara bien y que ella debía ayudar si eso no sucedía. Finalmente, los docentes de uno de los CEE nos contaban como uno de los estudiantes había ido con su familia a una bolera durante un fin de semana motivado por enseñar lo aprendido durante la temporada.

f. *Respiro.* El desarrollo de la temporada ha constituido una oportunidad de aprendizaje más dinámico en el ámbito de los CEE. El entorno de apoyo generado en torno a las características de la ED ha propiciado, por ejemplo, que diferentes estudiantes con conductas disruptivas las redujeran durante las sesiones del proyecto. Varios docentes nos han señalado que las dinámicas de la ED les ayudaban a estar más centrados y a tener un mayor control sobre esas conductas.

g. *Competencia motriz.* Se ha logrado fundamentalmente a través de la elección y diseño de los juegos para la temporada de ED, apoyándonos en el DUA y en la adaptación de tareas. Durante el proyecto se sugirió que se utilizaran los juegos de blanco y diana con diferentes adaptaciones, como el uso de canaletas para favorecer la participación de los estudiantes con discapacidad intelectual y física. Estas decisiones han llevado a que, en dos de los CEE participantes, nos indiquen que el alumnado que más ha progresado a nivel motor es aquél que tenía mayores necesidades de apoyo. Otro de los docentes nos indicaba que la elección de los bolos había logrado momentos de disfrute en estudiantes que habitualmente no tenían tantas oportunidades de lograr puntos y sentirse protagonistas en las clases de EF.

h. *Desafío justo.* Se ha conseguido empleando la ECD para construir un juego de competición en el que todo el alumnado pudiera participar con garantías. Así, a pesar de la gran variabilidad de habilidades y necesidades de apoyo en los equipos, todos los estudiantes han podido sentir que la exigencia de las tareas se adaptaba a sus características. Por ejemplo, al preguntar sobre los aspectos positivos de la temporada, uno de los docentes nos contaba que había percibido que el juego de competición estaba diseñado pensando en las características de los estudiantes de su centro. Por otra parte, el propio diseño de la temporada hacía que todos los equipos mantuvieran las opciones de ganar hasta el momento del evento final, ofreciéndoles múltiples oportunidades de mostrar su progreso. Finalmente, la investigación-acción participativa permitió que uno de los centros aumentara el nivel de complejidad táctica del deporte que estaban practicando, pasando de bolos a boccia. La razón fundamental aludida por la docente de este centro se fue su inquietud por aumentar la dificultad de las situaciones de juego y ofrecer así situaciones de aprendizaje más ajustadas a las características del alumnado.

Los ejemplos ilustran como se manifiestan cada uno de los elementos clave de la EFcS durante una temporada de ED. Estos resultados están en consonancia con lo indicado por Saiz-González *et al.* (2025), que mencionan que el uso de pedagogías democráticas y reflexivas podría hacer de la EF un lugar de inclusión y aprendizaje. En este sentido, cabe decir que podría ser que las NEE del alumnado no pudieran ser atendidas plenamente por la arquitectura del modelo, pero sí que ofrece un entorno de apoyo sobre el que añadir diferentes estrategias prácticas. Somos conscientes de que los resultados aquí presentados se circunscriben a una situación muy específica, la de los CEE en los que todo el alumnado escolarizado presenta NEE, pero consideramos que los aprendizajes adquiridos en el desarrollo del proyecto son trasferibles a contextos ordinarios en los que el alumnado con NEE está escolarizado junto a estudiantes sin NEE.

Conclusiones

El propósito de este capítulo era mostrar la forma en la que la ED ha contribuido a desarrollar experiencias con significado en estudiantes escolarizados en CEE. Los resultados del desarrollo de una temporada de ED en cada uno de los siete CEE han mostrado que la adaptación de tareas y el DUA facilitaron un desafío justo, mejorando la competencia motriz y las interacciones sociales positivas. Además, el ambiente festivo y el enfoque en la autonomía contribuyeron a la diversión y el disfrute de la experiencia. Finalmente, la propia temporada ha supuesto una novedad para el alumnado y el profesorado, creando un ambiente de aprendizaje más dinámico y divertido. Es decir, que las características esenciales del modelo, acompañadas de estrategias destinadas a la atención a la diversidad y de un diseño de la investigación más democrático, han logrado ofrecer experiencias con significado al alumnado participante. En conclusión, con la orientación adecuada, la ED puede ser un espacio seguro para que los estudiantes con NEE puedan disfrutar de experiencias con significado en EF.

Referencias bibliográficas

ABELLÁN, J., y GONZÁLEZ-MARTÍ, I. (2020). "Explorando las posibilidades de aplicación del modelo de educación deportiva para alumnado con discapacidad intelectual". *Revista Española de Educación Física y Deportes, 428*, 35-46. https://doi.org/10.55166/reefd.vi428.880

ABELLÁN, J., y SEGOVIA, Y. (2024). "Aprendiendo a enseñar mediante el modelo de Educación Deportiva en centros de educación especial: de la teoría a la práctica". *Retos, 59*, 138-145. https://doi.org/10.47197/retos.v59.106909

ABELLÁN, J.; REYES, L.; GONZÁLEZ-MARTÍ, I., y GARCÍA LÓPEZ, L. M. (2025). "Hacia la inclusión del alumnado con trastorno del espectro autista: Educación Deportiva y ética del cuidado". *Movimento*, 31, e31018. https://doi.org/10.22456/1982-8918.144294

AINSCOW, M.; BOOTH, T., y DYSON, A. (2006). *Improving schools, developing inclusion*. Routledge. https://doi.org/10.4324/9780203967157

CASEY, A., y KIRK, D. (2021). *Models-Based Practice in Physical Education*. Routledge. https://doi.org/10.4324/9780429319259

FERNÁNDEZ-RÍO, J.; GARCÍA, S., y FERRIZ-VALERO, A. (2023). "Selecting (or not) physical education as an elective subject: Spanish high school students' views". *Physical Education and Sport Pedagogy*, 1-13. https://doi.org/10.1080/17408989.2023.2256762

GARCÍA LÓPEZ, L. M., y GUTIÉRREZ, D. (2017). *Aprendiendo a Enseñar Deporte. Modelos de Enseñanza Comprensiva y Educación Deportiva* (2.ª ed.). INDE.

HAEGELE, J. A., y SUTHERLAND, S. (2015). "Perspectives of students with disabilities toward physical education: a qualitative inquiry review". *Quest*, 67(3), 255-273. https://doi.org/10.1080/00336297.2015.1050118

HOLLAND, K., y HAEGELE, J. A. (2021). "Perspectives of students with disabilities toward physical education: A review update 2014-2019". *Kinesiology Review, 10*(1), 78-87. https://doi.org/10.1123/kr.2020-0002

MALINOWSKI, P. R.; RICHARDS, K. A., y WILSON, W. J. (2024). "Including Students with Disabilities in the Sport Education Model: A Meaningful Physical Education Critique". *Palaestra, 38*(3).

SAIZ-GONZÁLEZ, P.; SIERRA-DÍAZ, J.; IGLESIAS, D., y FERNÁNDEZ-RÍO, J. (2025). "Chasing meaningfulness in Spanish physical education: Old and new features". *Journal of Teaching in Physical Education, 45* (1)*, 217-225. https://doi.org/10.1123/jtpe.2024-0206

SHIELDS, N., y SYNNOT, A. (2016). "Perceived barriers and facilitators to participation in physical activity for children with disability: a qualitative study". *BMC Pediatrics, 16,* 1-10. https://doi.org/10.1186/s12887-016-0544-7

SIEDENTOP, D. (1994). *Sport education: Quality PE through positive sport experiences*. Human Kinetics.

Financiación

Este trabajo forma parte del proyecto de investigación: Desarrollo de la autonomía del alumnado en centros de Educación Especial a través del Modelo de Educación Deportiva (referencia: SBPLY/23/180225/000135) financiado por la Unión Europea a través del FEDER y por la Junta de Comunidades de Castilla-La Mancha a través de INNOCAM. El tercer autor está contratado con cargo al programa INVESTIGO, objeto de cofinanciación por el Programa del Fondo Social Europeo Plus (FSE+) de Castilla-La Mancha 2021-2027 y por la Unión Europea - NextGenerationEU.

14

EFcS e Intención de ser físicamente activo

Javier Fernández-Río, David Díaz-Tejerina,
Jorge Lafuente Fernández
Universidad de Oviedo

José Coto-Lousas
Universidad Pública de Navarra

Introducción

Para algunos, el objetivo más importante de la educación física actual es preparar a los estudiantes para llevar una vida activa (Sallis y McKenzie, 1991). Por lo tanto, el resultado del proceso de enseñanza-aprendizaje de esta materia debería ser crear personas que tengan la intención de ser físicamente activas fuera de esta clase e incluso en su tiempo libre (Hein et al., 2004). Para intentar entender cómo se puede alcanzar este objetivo, vamos a repasar brevemente algunas teorías/modelos, varios ya presentados en capítulos previos del presente libro, pero que nos ayudarán a entender cómo lograr este importante objetivo.

En primer lugar, la Teoría de Metas de Logro (Achievement Goal Theory; Ames, 1992) trata de explicar el comportamiento de las personas basado en los objetivos (metas) que pretenden alcanzar y en la competencia que quieren demostrar. En la actualidad, esta teoría plantea la existencia de 3 tipos de estándares para definir la competencia: absoluta (tarea), intrapersonal (yo) y normativa (otros) y 2 valencias: aproximación (adquirir consecuencias positivas) y evitación (evitar consecuencias negativas). De la combinación de ambas surgen 6 tipos de metas (objetivos) (Elliott et al., 2011): *Aproximación-Tarea*: intentar hacer mejor la tarea, *Evitación-Tarea*: evitar hacer peor la tarea, *Aproximación-Yo*: hacerlo mejor que la vez anterior, *Evitación-Yo*: evitar hacerlo peor que la vez anterior, *Aproximación-Otros*: hacerlo mejor que los demás y *Evitación-Otros*: evitar hacerlo peor que los demás. Todos estos tipos de metas se relacionan de un modo u otro con la motivación para hacer actividad física (Lin *et al.*, 2023).

En segundo lugar, la Teoría de la Autodeterminación (Self-Determination Theory; Deci y Ryan, 2023) ayuda a comprender el comportamiento humano e incluye cinco mini-teorías, siendo la primera la *Teoría de la Evaluación Cognitiva* (Deci, 1975). Esta trata de descubrir las conexiones entre los acontecimientos y el interés de las personas por ellos, examinando los factores que favorecen o socavan esta atención (Deci y Ryan, 2000). Las personas con *motivación Intrínseca* realizan actividad física porque es intrínsecamente satisfactoria (e.g. me encanta hacer ejercicio), y este comportamiento tiene un locus de causalidad percibido internamente. La Teoría de la Autodeterminación reconoce cinco tipos más de regulaciones del comportamiento, de mayor a menor forma de motivación autodeterminada: *Integrada*: realizar actividad física es coherente con los propósitos de uno (e.g. estar bien físicamente), *Identificada*: la persona reconoce la importancia que tiene para ella realizar actividad física y por eso la realiza (e.g. se siente bien después de hacer ejercicio), *Introyectada*: la persona realiza actividad física para evitar sentimientos negativos por realizarla (e.g. sentirse culpable), *Externa*: la persona realiza actividad física para obtener una recompensa (e.g. poder ir a tomar un café después) o para evitar castigos (e.g. mi pareja se enfada conmigo) y una categoría final: *Amotivación*: ausencia o falta de motivación por hacer actividad física (e.g. no me interesa para nada) (Boiché *et al.*, 2008). La motivación intrínseca se ha relacionado con individuos más adaptables y resultados positivos como el disfrute, el compromiso o la competencia (Vasconcellos *et al.*, 2020), incluida la práctica de actividad física entre los adolescentes (Kalajas-Tilga *et al.*, 2020). Se ha descubierto que focalizar sobre acontecimientos externos (e.g. recompensas, competencia, plazos, vigilancia) debilita la motivación intrínseca de las personas, ya que desplaza el locus de causalidad percibido de lo interno a lo externo (Deci y Ryan, 1985). Otra importante teoría dentro de la Teoría de la Autodeterminación es la *Teoría de las Necesidades Psicológicas Básicas* (Ryan y Deci, 2002). Esta plantea que existen tres nutrientes psicológicos innatos necesarios para que todas las personas alcancen bienestar y salud psicológica, social y física: 1. *Autonomía:* la sensación de ser dueño de las acciones propias (e.g. elección, toma de decisiones), 2. *Competencia*: sentirse eficaz en las acciones del objetivo que se persigue (e.g. tareas, deportes), y 3. *Relación*: sentirse cuidado y apoyado por otros importantes para uno (e.g. ser valorado, sentirse apoyado). En los últimos años se ha consolidado otra necesidad (Gonzalez-Cutre *et al.*, 2016): 4. Novedad: experimentar algo no experimentado antes (e.g. actividad, sensación).

Basándose en la Teoría de la Autodeterminación, Robert Vallerand (1997) propuso el Modelo Jerárquico de la Motivación Intrínseca y Extrínseca (Hierarchical Model of Intrinsic and Extrinsic Motivation) para comprender la motivación de los individuos (determinantes y consecuencias) en diferentes niveles de generalidad: (1) *Global*: orientación motivacional general (rasgo personal); (2) *Contextual*: orientación motivacional en un contexto determinado (e.g. educación, deporte); y (3) *Situacional*: motivación para participar en una actividad específica en un momento dado (e.g. tarea, juego). El modelo jerárquico también analiza las posibles fuentes de motivación: (1) *factores sociales*: contextos de control frente a contextos que favorecen la autonomía (interpersonal) y (2) *Nivel superior de motivación*: la motivación contextual influye en la motivación situacional (intrapersonal). Por último, el modelo jerárquico postula que la motivación de los individuos puede tener consecuencias cognitivas, afectivas y conductuales (Vallerand y Ratelle, 2002). Finalmente, este modelo presenta una *estructura de 4 pasos* para entender las relaciones entre los diferentes elementos implicados (Vallerand y Lalande, 2011): 1. *Antecedentes*: factores sociales determinan el contexto donde se desarrolla el individuo (e.g. metodología, clima), 2. *Mediadores*: elementos psicológicos (necesidades psicológicas básicas) que conectan el contexto con el desarrollo de la persona (e.g. autonomía, competencia), 3. *Motivación*: existen distintos tipos de regulaciones motivacionales (e.g. intrínseca, identificada), que producirán unos u otros efectos, y 4. *Consecuencias*: afectivas, cognitivas o comportamentales, positivas o negativas, como resultado de las interacciones anteriores. Es importante que los docentes conozcan este modelo para entender que si queremos que los estudiantes tengan intención de ser físicamente activos (y realicen actividad física en su tiempo libre), antes debemos desarrollar en ellos una motivación adecuada (autodeterminada) y para ello debemos desarrollar de manera adecuada sus necesidades psicológicas básicas a través de contextos de aula correctos.

Por su parte, la Teoría del Comportamiento Planeado (Theory of Planned Behaviour; Ajzen, 1985) señala que la actitud influye en la intención cuando el individuo es capaz de controlar el comportamiento. De este modo, la intención es percibida como el predictor más importante del comportamiento y refleja la fuerza relativa de la motivación de un individuo para comprometerse con un comportamiento. La intención está determinada por 3 factores (McEachan *et al.*, 2013): 1. La actitud personal hacia ese comportamiento (marcada por las creencias y las experiencias), 2. La norma social subjetiva (influenciada por las creencias de personas significativas sobre si la persona debe realizar la actividad y la motivación para complacer esa creencia), y 3.

La percepción de control sobre el comportamiento. Por lo tanto, para fomentar en los adolescentes la intención de ser físicamente activo, estos deben desarrollar una actitud positiva hacia la práctica de actividad física por las consecuencias positivas que tiene (beneficios para su bienestar), deben percibir que su grupo de influencia (e.g. amistades, familias, profesorado) valora positivamente esta práctica física, que la opinión de los demás les importa y considerarse competente para realizarla. En el campo de la actividad física, la investigación ha señalado que las intenciones predicen la práctica cuando son autónomas y no externamente controladas (CHATZISARANTIS *et al.*, 1997).

A partir de la consideración integrada de la Teoría de la Autodeterminación, el Modelo Jerárquico de la Motivación Intrínseca y Extrínseca y la Teoría del Comportamiento Planeado se desarrolló el Modelo Transcontextual de la Motivación (TRANSCONTEXTUAL MODEL OF MOTIVATION; HAGGER *et al.*, 2003). Este modelo plantea la idea de que un contexto de educación física que fomente la autonomía en el alumnado puede aumentar su motivación autónoma hacia la práctica de actividad física durante el tiempo libre (HAGGER y CHATZISARANTIS, 2016). Este modelo ha sido respaldado con varios estudios en contextos escolares diferentes (KOKA *et al.*, 2020). Las intenciones que las personas desarrollan les pueden conducir a objetivos concretos, estados deseados que estas buscan obtener, mantener o evitar (EMMONS, 1996), y a través de estos objetivos concretos, los individuos dan forma a sus conductas y a su vida (RIEDIGER *et al.*, 2005).

Por otro lado, la manera en la que un docente desarrolla su clase de educación física es un elemento fundamental para que los estudiantes alcancen, o no, los objetivos planteados, entre ellos el desarrollo de la intención de ser físicamente activo. Para comprender los diferentes tipos de planteamientos existentes, AELTERMAN *et al.* (2021) desarrollaron el denominado Modelo Circular (Circunflex Approach). Este modelo ha sido ampliamente explicado en el capítulo 4 del presente libro.

Tal y como veremos a continuación, estas teorías/modelos, y las investigaciones derivadas de las mismas, señalan las conexiones tan directas existentes entre los elementos fundamentales de la EFcS, vistos a lo largo de los diferentes capítulos del presente libro, y el desarrollo de la intención de ser físicamente activo en todos los estudiantes.

Conexiones entre la EFcS y la intención de ser físicamente activo

Tal y como mostraremos a continuación, la investigación ha mostrado que los diferentes elementos identificados en la EFcS se relacionan de manera directa con la intención de los estudiantes de ser físicamente activos.

Diversión: Para muchos, el concepto diversión refiere a un constructo extrínseco a corto plazo del que se tienen muchas dudas de su validez como resultado de las clases de educación física, pero que otros consideran como importante para lograr objetivos a largo plazo como el desarrollo de hábitos de práctica de actividad física (Griffin *et al.*, 1993). En este sentido, Garn y Cothran (2006) descubrieron *tres temas clave relacionados con la diversión* y que deben ser tenidos en cuenta: el *profesor, la tarea y el aspecto* social de la educación física, cada uno de los cuales podía tener un impacto, tanto positivo como negativo, en la intención de los estudiantes de realizar actividad física en su tiempo libre.

Disfrute: la conexión entre el disfrute en la clase de educación física y la intención de los estudiantes de ser físicamente activos ha sido señalada por diferentes estudios. Sánchez-Oliva *et al.* (2014) encontraron una conexión fuerte y directa entre el disfrute en esta clase y la intención de realizar actividad física fuera de la escuela. Por su parte, Fierro-Suero *et al.* (2022) encontraron que entre las emociones que mejor explicaban la intención de ser físicamente activos de estudiantes de secundaria estaba el disfrute, aunque el disfrute de las chicas era menor que el de los chicos. De ahí la necesidad de que los docentes usen *estrategias y planteamientos adecuados para todos los estudiantes en base a su género*, ya que lo que pueda significar una experiencia emocional positiva (disfrute) para unos chicos puede no ser lo mismo para unas chicas en la clase de educación física.

Novedad: una de las necesidades psicológicas básicas mencionadas anteriormente es, precisamente, la novedad. Fierro-Suero *et al.* (2024) encontraron que cuando los estudiantes percibían que sus docentes apoyaban estrategias de apoyo a la novedad, estas conectaban con emociones positivas en la clase de educación física (e.g. disfrute, orgullo) y estas, a su vez, predecían la intención de realizar actividad física en el futuro. En esta misma línea, Fernández-Espínola *et al.* (2020) encontraron que un clima de aula orientado a la tarea (e.g. intentar realizar las actividades mejor que las anteriores ocasiones, no compararse con otros) se conectaba con la necesidad de novedad de los estudiantes, esta se relacionaba con la motivación intrínseca y ambas influían en su intención de ser físicamente activos. En este caso, la novedad del clima tarea generado por el docente (en contraposición a climas orientados a la comparación más habituales en la clase de educación física) supuso una novedad que influyó positivamente en la intención de práctica futura de los estudiantes. Finalmente, ZABOROBA *et al.* (2024) encontraron que apoyar la novedad se relacionaba positivamente con la *motivación autónoma* y negativamente con la motivación controlada y estas, a su vez, conectaban positiva o negativamente con la intención de realizar actividad física, respectivamente. Por lo tanto, la novedad en las clases de educación física es muy importante para que esta promueva una *experiencia emocional positiva* (con significado) que ayude en la intención de ser físicamente activo del estudiante y, consecuentemente, promover hábitos saludables.

Estilo interpersonal docente: tal y como hemos señalado anteriormente, la forma en la que un docente plantea su clase es muy importante, ya que puede tener efectos muy diferentes, en concreto con las intenciones de los estudiantes. Así, AIBAR *et al.* (2021) encontraron que el estilo interpersonal docente que desarrolla contextos en los que se apoya la autonomía de los estudiantes se conectaban positivamente con la intención de estos de ser activos físicamente. En una línea similar, la percepción de que sus docentes apoyaban el desarrollo de su autonomía se relacionaba con la satisfacción de sus necesidades psicológicas básicas, una motivación autónoma y consecuencias positivas como la intención de los estudiantes participantes de continuar con la práctica del deporte que estaban realizando, entre otras (BEHZADNIA *et al.*, 2019). Finalmente, DILOY-PEÑA *et al.* (2024) encontraron que aquellos estudiantes que señalaron haber tenido experiencias positivas de educación física y altas intenciones de práctica de actividad física señalaron valores altos de estilos docentes de apoyo a la autonomía, estructurado y demandante y niveles bajos de estilo caótico. Por lo tanto, para promover una EFcS que lleve a los estudiantes a tener vidas activas, *los docentes deben adoptar estilos que desarrollen la autonomía de sus estudiantes*, que sean *estructurados* e incluso *demandantes, pero no dominantes o caóticos*.

Interacción social: Tal y como se ha señalado en un capítulo anterior, las interacciones de los estudiantes con sus compañeros y compañeras de clase, dentro y fuera del aula, son determinantes para sus intenciones y su actitud, dentro y fuera del aula, produciéndose consecuencias positivas o negativas según sean positivas o negativas estas interacciones.

Cuando los docentes promueven la sensación de crecimiento personal y el desarrollo de la autoestima del estudiante, este desarrolla motivación/intención a la práctica de actividad física (AIBAR *et al.*, 2015). En la misma línea, TRIGEROS *et al.* (2019) encontraron que el contexto social de los estudiantes (amistades, familia y profesorado) ejerce una influencia significativa (positiva o negativa) en la motivación/intención del adolescente de realizar actividad física. Esta investigación encontró que la actitud personal de los estudiantes, la norma social subjetiva y la percepción de control sobre el comportamiento ayudan en la intención de ser físicamente activos y, a su vez, esta intención influye en la práctica de actividad física de los y las jóvenes. Tal y como se ha señalado anteriormente, las intenciones predicen la práctica cuando son autónomas. Por lo tanto, *profesorado, familias y amistades deben apoyar esta autonomía, promoviendo experiencias positivas, mostrando que valoran la práctica de actividad física y empoderando a los y las jóvenes.*

Aprendizaje personalmente relevante: La **Teoría del Valor Esperado** (Expectancy-Value Theory; Eccles y Wigfield, 1995) plantea que el valor esperado de algo es el producto de la expectativa de alcanzar un resultado determinado y el valor que se le da a ese resultado. Las expectativas y los valores son cognitivos y tienen mucha influencia en el rendimiento, la persistencia y la elección de tareas de los estudiantes. Esta teoría plantea tres aspectos fundamentales del *rendimiento* en el aprendizaje: *1. El Logro*: la importancia de hacerlo bien, *2. La Utilidad*: la relación de la tarea con la vida de esa persona, y *3. El Valor Intrínseco*: el disfrute que se deriva de la tarea. Muchos estudiantes no conocen la *relevancia* de un contenido, de una tarea que se les plantea, no conocen el *valor para sus vidas*. Antes de presentar un contenido el docente debe preguntarse: *¿por qué deben aprender esto?* Así, debe escoger contenidos y tareas que *ellos y sus estudiantes* consideren *relevantes, interesantes, útiles y dignas de dedicarles tiempo* (Ennis, 2017). Por eso, en una *educación física Transformadora, los docentes deben trabajar con los estudiantes* para plantear los contenidos y las sesiones que ambos consideren relevantes y esto debe hacerse a *nivel local/personal* del estudiante, lo que motiva e interesa a ese grupo de personas (Jewett, 1983). Los *docentes deben asistir a los estudiantes* para tomar decisiones conscientes para el futuro de sus vidas (Jewett *et al.*, 1995), pero estas decisiones requieren *reflexión, consideración y toma de decisiones*. Se necesita promover una *auto-regulación del compromiso* para satisfacer las necesidades de *competencia y autonomía* (Ennis, 2017).

Respiro: hemos traducido el término anglosajón "relief" como "respiro" que según la Real Academia de la Lengua Española se refiere al "descanso o alivio en medio de una fatiga; tregua, desahogo, alivio". En línea con estas ideas, Wang *et al.* (2024) encontraron que la realización de actividad física tiene un efecto mediador sobre la sensación de respiro y la reducción de estrés académico. Por su parte, Zhao *et al.* (2025) encontraron una relación directa entre el estrés académico y el ejercicio físico a través del papel mediador de la intención de práctica de actividad física. Concretamente, los resultados mostraron que una mayor intención de práctica se relacionaba con un *menor estrés académico* y la intención de práctica y la realización de esta estaba mediada por la *motivación autónoma* de los y las estudiantes.

Es decir, la intención de ser físicamente activo y la actual realización de ejercicio físico sirven para reducir el estrés provocado por la actividad académica. Esta investigación puso de manifiesto la necesidad de las escuelas de mantener un *equilibrio entre la actividad física y los estudios para promover el bienestar de los estudiantes.*

Competencia motriz: ERDVICK *et al.* (2014) encontraron que la percepción de competencia se relacionaba de manera directa con la intención de ser físicamente activo en estudiantes de secundaria. La percepción propia de competencia viene influenciada por la percepción que *otros significativos* (e.g. *familias, docentes, iguales*) tienen de ella. Así, FERNÁNDEZ-RÍO *et al.* (2018) encontraron que las metapercepciones de competencia de las familias sobre sus hijos e hijas influían de manera decisiva en las percepciones de competencia de estos y estás, en su motivación y ésta en sus intenciones de ser físicamente activos. El contexto creado por el docente también es un elemento muy importante, ya que la percepción de un *clima de aula orientado a la tarea* se ha relacionado con la intención de práctica futura de estudiantes de secundaria, pero esta conexión fue mediada por su percepción de competencia (DI BATTISTA *et al.*, 2019). En esta línea metodológica, los *modelos pedagógicos*, cuando son implementados de manera correcta, pueden promover el desarrollo de las necesidades psicológicas básicas de los y las estudiantes, entre ellas la competencia (SAIZ-GONZÁLEZ *et al.*, 2024a) y estos pueden promover la intención de práctica futura de estudiantes de secundaria (SAIZ-GONZÁLEZ *et al.*, 2024b). Por lo tanto, se puede concluir que la competencia motriz puede promover la intención de práctica de actividad física de los individuos. Ciertamente, cuando una persona sienta que es competente motrizmente, querrá seguir realizando actividad física, en la clase de educación física, pero también en su tiempo libre. Incluso se atreverá a "probar" nuevos tipos de actividad física.

Desafío justo: El flujo es un estado óptimo de experiencia interior que incorpora alegría, creatividad, implicación total y una estimulante sensación de trascendencia (CSIKSZENTMIHALYI, 1992). Este puede conducir a experiencias agradables e intrínsecamente gratificantes, pero la experiencia óptima y el disfrute se producen cuando la habilidad percibida y el desafío están equilibrados. Si el desafío es demasiado grande en comparación con la habilidad, la ansiedad puede reducir el disfrute de la actividad. Por el contrario, si el desafío es demasiado pequeño en comparación con la habilidad, el aburrimiento puede disminuir el disfrute. DISMORE y BAILEY (2011) encontraron que algunos estudiantes de secundaria expresaron ansiedad por los retos a los que se enfrentaban. Según el *Modelo de Flujo*, estos alumnos se habrían beneficiado de tener más oportunidades para desarrollar sus habilidades y competencias antes de pasar a tareas más difíciles. En una línea similar, el *Modelo de la Zona de Aprendizaje* (SENNINGER, 2009) plantea la existencia de 3 zonas o niveles: 1.

Confort: donde los estudiantes se sienten seguros y relajados, *2. Desafío*: donde se desafío a los estudiantes a adaptarse, y *3. Pánico*: dónde se encuentran contextos amenazantes, difíciles de superar. GILLISON *et al.* (2012) observaron que la *sensación de logro (tener éxito)*, las *opciones (establecer los propios objetivos)* y el *tiempo de práctica* están relacionados con experiencias más positivas. Así mismo, el uso de *tareas abiertas* con muchas soluciones y *posibilidades de elección* (e.g. materiales, espacios, compañeros...) permiten que cada estudiante seleccione su nivel de desafío.

Reflexiones finales

Vamos a volver a señalar los elementos y las estrategias que los y las docentes de educación física deben usar en sus clases para promover la intención de ser físicamente activo entre su alumnado, desarrollando una EFcS y que se han mencionado a lo largo de este capítulo:

- **Profesor, tarea y aspecto social de la educación física:** elementos claves para promover la diversión.
- **Estrategias y planteamientos adecuados:** para todos los estudiantes en base a su género.
- **Experiencias emocionales positivas:** para promover el amor por ser físicamente activo.
- **Motivación autónoma:** autodeterminada.
- **Adoptar estilos que desarrollen la autonomía de los estudiantes:** estructurados e incluso demandantes, pero no dominantes o caóticos.
- **Logro**: la importancia de hacerlo bien.
- **Utilidad**: relación de la tarea con la vida de esa persona.
- **Valor Intrínseco**: disfrute que se deriva de la tarea.
- **Relevancia**: valor para sus vidas.
- **Escoger contenidos y tareas que docentes y estudiantes consideren relevantes, interesantes, útiles y dignas de dedicarles tiempo:** importantes para que enganchen.
- **Educación Física Transformadora:** sesiones relevantes **a nivel local/personal**, lo que motiva e interesa a ese grupo de personas.
- **Docentes deben asistir a los estudiantes para tomar decisiones conscientes para el futuro de sus vidas:** requieren reflexión.
- **Auto-regulación del compromiso:** para satisfacer las necesidades de competencia y autonomía.

- **Apoyo de otros significativos**: familias, docentes, iguales.
- **Clima de aula orientado a la tarea:** realizar bien los ejercicios sin compararse con otros.
- **Sensación de logro**: de tener éxito, de ser competente.
- **Opciones:** establecer los propios objetivos.
- **Tiempo de práctica:** suficiente para cada estudiante.
- **Tareas abiertas:** muchas soluciones.
- **Posibilidades de elección:** materiales, espacios, compañeros...

Referencias

AELTERMAN, N.; VANSTEENKISTE, M.; HAERENS, L.; SOENENS, B.; FONTAINE, J. R. J., y REEVE, J. (2019). "Toward an Integrative and Fine-Grained Insight in Motivating and Demotivating Teaching Styles: The Merits of a Circumplex Approach". *Journal of Educational Psychology, 111*(3), 497-521. https://doi.org/10.1037/edu0000293

AIBAR, A.; ABOS, A.; GARCÍA-GONZÁLEZ, L.; GONZÁLEZ-CUTRE, D., y SEVIL-SERRANO, J. (2021). "Understanding students' novelty satisfaction in physical education: Associations with need-supportive teaching style and physical activity intention". *European Physical Education Review, 27*(4), 779-797. https://doi.org/10.1177/1356336X21992791

AIBAR, A.; JULIÁN, J. A.; MURILLO, B.; GARCÍA-GONZÁLEZ, L.; ESTRADA, S., y BOIS, J. (2016). "Actividad física y apoyo de la autonomía: El rol del profesor de Educación Física". *Revista de Psicología del Deporte, 1*, 155-161

AJZEN, I. (1985). "From Intention to Actions: A Theory of Planned Behavior'". En J. KUHL y J. BECKMANN (eds.), *Action-Control: From Cognition to Behaviour* (pp. 11-39). Springer.

AMES, C. (1992). "Classrooms: Goals, structures, and student motivation". *Journal of Educational Psychology, 84*, 261-271. http://dx.doi.org/10.1037//0022-0663.84.3.261

BEHZADNIA, B.; ADACHI, P. J.; DECI, E. L., y MOHAMMADZADEH, H. (2018). "Associations between students' perceptions of physical education teachers' interpersonal styles and students' wellness, knowledge, performance, and intentions to persist at physical activity: A self-determination theory approach". *Psychology of Sport and Exercise, 39*, 10-19. https://doi.org/10.1016/j.psychsport.2018.07.003

BOICHÉ, J.; SARRAZIN, P. G.; GROUZET, F. M.; PELLETIER, L. G., y CHANAL, J. P. (2008). "Students' motivational profiles and achievement outcomes in physical education: A self-determination perspective". *Journal of Educational Psychology, 100*(3), 688. https://awspntest.apa.org/doi/10.1037/0022-0663.100.3.688

DECI, E. L. (1975). *Intrinsic motivation*. Plenum.

DECI, E. L., y RYAN, R. M. (1985). *Intrinsic Motivation and Self-Determination in Human Behavior*. Plenum.

— (2000). "The 'what' and 'why' of goal pursuits: Human needs and the self- determination of behavior". *Psychological Inquiry, 11*, 227-268. https://doi.org/10.1207/S15327965PLI1104_01

— (2023). "Self-Determination Theory". En F. Maggino (ed.), *Encyclopedia of Quality of Life and Well-Being Research*. Springer https://doi.org/10.1007/978-3-031-17299-1_2630

Di Battista, R.; Robazza, C.; Ruiz, M. C.; Bertollo, M.; Vitali, F., y Bortoli, L. (2019). "Student intention to engage in leisure-time physical activity: The interplay of task-involving climate, competence need satisfaction and psychobiosocial states in physical education". *European Physical Education Review*, 25(3), 761-777. https://doi.org/10.1177/1356336X18770665

Diloy-Peña, S.; Abós, Á.; Sevil-Serrano, J.; García-Cazorla, J., y García-González, L. (2024). "Students' perceptions of physical education teachers'(de) motivating styles via the circumplex approach: Differences by gender, grade level, experiences, intention to be active, and learning". *European Physical Education Review*, 30(4), 563-583. http://dx.doi.org/10.1177/1356336X241229353

Eccles, J. S., y Wigfield, A. (1995). "In the mind of the actor: The structure of adolescents' achievement task values and expectancy-related beliefs". *Personality and Social Psychology Bulletin, 21*, 215-225. https://doi.org/10.1177/0146167295213003

Elliot, A. J.; Murayama, K., y Pekrun, R. (2011). "A 3 x 2 achievement goal model". *Journal of Educational Psychology, 103*(3), 632-648. http://dx.doi.org/10.1037/a0023952

Emmons, R. A. (1996). "Striving and feeling: Personal goals and subjective well-being". En P. M. Gollwitzer y J. A. Bargh (eds.), *The psychology of action: Linking cognition and motivation top behaviiour* (pp. 313-337). The Gailford Press.

Ennis, C. D. (2017). "Educating students for a lifetime of physical activity: Enhancing mindfulness, motivation, and meaning". *Research quarterly for exercise and sport*, 88(3), 241-250. https://doi.org/10.1080/02701367.2017.1342495

Erdvik, I. B.; Øverby, N. C., y Haugen, T. (2014). "Students' self-determined motivation in physical education and intention to be physically active after graduation: The role of perceived competence and identity". *Journal of Physical Education and Sport*, 14(2), 232. http://dx.doi.org/10.7752/jpes.2014.02035

Fernández-Espínola, C.; Almagro, B. J., y Fajardo, J. A. T. (2020). "Predicción de la intención de ser físicamente activo del alumnado de Educación Física: un modelo mediado por la necesidad de novedad". *Retos, 37*, 442-448. https://doi.org/10.47197/retos.v37i37.70946

Fernández-Río, J.; Cecchini, J. A.; Mendez-Giménez, A., y Mendez-Alonso, D. (2018). "Adolescents' competence metaperceptions and self-perceptions, motivation, intention to be physically active and physical activity". *Cuadernos de psicología del deporte*, 18(1), 75-80.

Fierro-Suero, S.; González-Cutre, D.; Almagro, B.; Sáenz-López, P., y Murta, L. (2024). "Novelty, emotions and intention to be physically active in Physical Education students". *Apunts Educación Física y Deportes, 156*, 47-56. https://doi.org/10.5672/apunts.2014-0983.es.(2024/2).156.06

Fierro-Suero, S.; Sáenz-López, P.; Carmona-Márquez, J., y Almagro, B. J. (2022). "Achievement emotions, intention to be physically active, and academic achievement in physical education: Gender differences". *Journal of Teaching in Physical Education*, 42(1), 114-122. https://doi.org/10.1123/jtpe.2021-0230

GARN, A. C., y COTHRAN, D. J. (2006). "The fun factor in physical education". *Journal of Teaching in Physical Education, 25*(3), 281-297. https://doi.org/10.1123/jtpe.25.3.281

GILLISON, F.; GREAVES, C.; STATHI, A.; RAMSAY, R.; BENNETT, P.; TAYLOR, G.; FRANCIS, M., y CHANDLER, R. (2012). "'Waste the waist': The development of an intervention to promote changes in diet and physical activity for people with high cardiovascular risk". *British Journal of Health Psychology, 17*(2), 327-345. https://doi.org/10.1111/ j.2044-8287.2011.02040.x

GONZÁLEZ-CUTRE, D.; SICILIA, Á.; SIERRA, A. C.; FERRIZ, R., y HAGGER, M. S. (2016). "Understanding the need for novelty from the perspective of self-determination theory". *Personality and Individual Differences, 102*, 159-169. https://doi.org/10.1016/j.paid.2016.06.036

GRIFFIN, L. L.; CHANDLER, T. J., y SARISCSANY, M. J. (1993). "What does 'fun' mean in physical education?". *Journal of Physical Education, Recreation y Dance, 64*(9), 63-68.

HAGGER, M. S., y CHATZISARANTIS, N. L. (2016). "The trans-contextual model of autonomous motivation in education: Conceptual and empirical issues and meta-analysis". *Review of Educational Research, 86*(2), 360-407. https://doi.org/10.3102/0034654315585005

HAGGER, M. S.; CHATZISARANTIS, N. L.; CULVERHOUSE, T., y BIDDLE, S. J. (2003). "The processes by which perceived autonomy support in physical education promotes leisure-time physical activity intentions and behavior: A trans-contextual model". *Journal of Educational Psychology, 95*(4), 784. https://psycnet.apa.org/doi/10.1037/0022-0663.95.4.784

JEWETT, A. E. (1983). *Personal meaning as the focus of curriculum theorizing*. Paper presented at the Third Curriculum Theory Conference in Physical Education, Athens, GA.

JEWETT, A. E.; BAIN, L. L., y ENNIS, C. D. (1995). *The curriculum process in physical education* (2.ª ed.). Brown y Benchmark.

KALAJAS-TILGA, H.; KOKA, A.; HEIN, V.; TILGA, H., y RAUDSEPP, L. (2020). "Motivational processes in physical education and objectively measured physical activity among adolescents". *Journal of Sport and Health Science, 9*(5), 462-471. https://doi.org/10.1016/j.jshs.2019.06.001

KOKA, A.; TILGA, H.; KALAJAS-TILGA, H.; HEIN, V., y RAUDSEPP, L. (2020). "Detrimental effect of perceived controlling behavior from physical education teachers on students' leisure-time physical activity intentions and behavior: An application of the trans-contextual model". *International Journal of Environmental Research and Public Health, 17*(16), 5939. https://doi.org/10.3390/ijerph17165939

LIN, X.; BIN MOHD NASIRUDDIN, N. J., y GEOK, S. K. (2023). "Exploring the Influence of Achievement Goals on Exercise Motivation: A Systematic Review". *Journal of Sport Psychology/Revista de Psicología del Deporte, 32*(3).

MCEACHAN, R. R. C.; CONNER, M.; TAYLOR, N. J., y LAWTON, R. J. (2011). "Prospective prediction of health-related behaviours with the theory of planned behaviour: A meta-analysis". *Health Psychology Review, 5*(2), 97-144. https://doi.org/10.1080/17437199.2010.521684

RIEDIGER, M.; FREUND, A. M., y BALTES, P. B. (2005). "Managing life through personal goals: Intergoal facilitation and intensity of goal pursuit in younger and older adulthood".

Journals of Gerontology Series B-Psychological Sciences and Social Sciences, 60(2), 84-91. https://doi.org/10.1093/geronb/60.2.P84

RYAN, R. M., y DECI, E. L. (2002). "Overview of self-determination theory: An organismic dialectical perspective". En E. L. DECI y R. M. RYAN (eds.), *Handbook of self-determination research* (pp. 3-33). Rochester University Press.

SAIZ-GONZÁLEZ, P.; IGLESIAS, D., y FERNÁNDEZ-RÍO, J. (2024a). "Can pedagogical models promote students' basic psychological needs in physical education? A systematic review and meta-analysis". *Quest, 76*(2), 247-267. https://doi.org/10.1080/00336297.2024.2316146

— (2024a). "Pedagogical models, physical activity and intention to be physically active: A Systematic Review". *Quest, 76*(1), 39-53. https://doi.org/10.1080/00336297.2023.2209734

SAIZ-GONZÁLEZ, P.; SIERRA-DÍAZ, J.; IGLESIAS, D., y FERNÁNDEZ-RÍO, J. (2025). "Chasing meaningfulness in Spanish physical education: Old and new features". *Journal of Teaching in Physical Education, 45* (1), 217-225. https://doi.org/10.1123/jtpe.2024-0206

SALLIS, J. F., y MCKENZIE, T. L. (1991). "Physical Education's Role in Public Health". *Research Quarterly for Exercise and Sport, 62*, 124-37. https://doi.org/10.1080/02701367.1991.10608701

SÁNCHEZ-OLIVA, D.; SÁNCHEZ-MIGUEL, P. A.; LEO, F. M.; KINNAFICK, F. E., y GARCÍA-CALVO, T. (2014). "Physical education lessons and physical activity intentions within Spanish secondary schools: A self-determination perspective". *Journal of Teaching in Physical Education, 33*(2), 232-249. https://psycnet.apa.org/doi/10.1123/jtpe.2013-0043

SENNINGER, T. (2000). *Abenteuer leiten - in Abenteuern lernen.* Ökotopia.

TRIGUEROS, R.; AGUILAR-PARRA, J. M.; CANGAS, A. J.; FERNÁNDEZ-BATANERO, J. M., y ÁLVAREZ, J. F. (2019). "The influence of the social context on motivation towards the practice of physical activity and the intention to be physically active". *International Journal of Environmental Research and Public Health, 16*(21), 4212. https://doi.org/10.3390/ijerph16214212

VASCONCELLOS, D.; PARKER, P. D.; HILLAND, T.; CINELLI, R.; OWEN, K. B.; KAPSAL, N., y LONSDALE, C. (2020). "Self-determination theory applied to physical education: A systematic review and meta-analysis". *Journal of Educational Psychology, 112*(7), 1444. https://psycnet.apa.org/doi/10.1037/edu0000420

VALLERAND, R. J. (1997). "Toward a hierarchical model of intrinsic and extrinsic motivation". En *Advances in experimental social psychology* (pp. 271-360). Academic Press.

VALLERAND, R. J., y LALANDE, D. R. (2011). "The MPIC model: The perspective of the hierarchical model of intrinsic and extrinsic motivation". *Psychological Inquiry, 22*(1), 45-51. https://psycnet.apa.org/doi/10.1080/1047840X.2011.545366

VALLERAND, R. J., y RATELLE, C. F. (2002). "Intrinsic and extrinsic motivation: a hierarchical model". En E. L. DECI y R. M. RYAN (eds.), *Handbook of Self-Determination Research* (pp. 37-63). The University of Rochester Press.

VANSTEENKISTE, M.; NIEMIEC, C. P., y SOENENS, B. (2010). "The development of the five mini-theories of self-determination theory: An historical overview, emerging trends, and future directions". En T. C. URDAN y S. A. KARABENICK (eds.), *The Decade Ahead: Theoretical Perspectives on Motivation and Achievement. Advances in Motivation and Achievement* (pp. 105-165). Emerald Group Publishing Limited.

WANG, T. L.; QUYEN, H. V. T., y KO, L. M. (2024). "Steps to serenity: embracing physical activity for stress relief in Vietnamese higher education". *International Journal of Research in Business and Social Science*, *13*(9), 224-242. https://doi.org/10.20525/ijrbs.v13i9.3869

ZABOROVA, V.; VORONOV, A., y SHESTAKOV, D. (2024). "Effects of Supporting the Need for Novelty in Physical Education on Students' Motivation and Intention to Participate in Physical Activity". *Physical Activity in Children*, *1*(1), 28-32. https://doi.org/10.61186/pach.424305.1007

ZHAO, K.; ZHAO, Y., y XU, W. (2025). "Relationship between middle school students' academic stress and physical exercise behavior from the perspective of Self-Determination Theory: The chained mediation of motivation and intention". *PLoS ONE, 20*(1): e0316599. https://doi.org/10.1371/journal.pone.0316599